KB261216

꿈

문순태 산문집

문순태 산문집
꿈

ⓒ 문순태, 2006

초판 1쇄 인쇄일 | 2006년 5월 12일
초판 1쇄 발행일 | 2006년 5월 19일

지은이 | 문순태
펴낸이 | 김현주
펴낸곳 | 이룸

편   집 | 김미정
디자인 | 김종희

출판등록 | 1997년 10월 30일 제10-1502호
주소 | 121-210 서울시 마포구 서교동 395-172 상록빌딩 2층
전화 | 편집부 (02)324-2347, 영업부 (02)2648-7224
팩스 | 편집부 (02)324-2348, 영업부 (02)2654-7696
e-mail | erum9@hanmail.net
Home page | http://www.erumbooks.com

ISBN 89-5707-167-9 (03810)

값 9,700원

꿈

문순태 산문집

이룸

자꾸 뒤돌아보게 하는 삶

환갑을 넘긴 후부터 앞을 바라보기보다는 나도 모르게 버릇처럼 자주 뒤를 돌아다보게 된다. 마치 등 뒤에 소중한 것들을 두고 오기라도 한 듯. 앞으로 나아가기보다는 자꾸만 발걸음이 주춤주춤 멈추어지곤 한다. 할 수만 있다면 내 인생의 출발점으로 되돌아가고 싶다. 되돌아가더라도 결국은 똑같은 이 길을 다시 걷게 될 것이 뻔한데도 말이다.

어느 누가 그랬던가. 인생의 바다에서 출항할 때는 누구나 꿈이라는 것을 배에 한가득 싣고 떠나지만, 항해 도중 풍파에 시달릴 때마다, 무겁기만 한 꿈을 하나씩 바다에 버려, 기항지에 도착했을 때는 단 한 줌의 꿈도 남지 않는다고. 고난의 항해 도중에 꿈을 모두 바다에 던져 버리고 빈손으로 기항지에 도착했을 때 비로소 순간의 고통을 이겨 내지 못했음을 뼈저리게 후회한다고. 정년이라는 시간의 닻을 내리기 위해 잠시 기항지에 머문 나 역시 회한을 털어 낼 수가 없다.

요즘 나는 밤마다 무채색의 꿈을 꾼다. 꿈속에서 나는 어딘가를 향해 가며 많은 사람들을 만난다. 누구를 만났는지 어디로 가고 있는지는 불확실하다. 그리고 현실의 색깔은 눈부시도록 화려한데 꿈은 오래된 영화필름처럼 무채색이다. 너무 많은 무채색의 꿈을 꾸고 일어나면 머리가 지끈거리면서 어지럽다. 그러나 아쉽게도 꿈의 내용은 도무지 기억할 수가 없다. 나이가 많아서도 꿈을 많이 꾸는 것은 아직 내가 무엇인가를 간절히 바라고 있기 때문이 아닌가 싶다. 어쩌면 어렸을 때의 꿈이 아직 이루어지지 않았기 때문인지도.

나이가 들어 시력이 약해지면서부터 세상의 빛깔은 더욱

가까이서 눈부시도록 화려하게 동공 속으로 파고들어 온다. 날마다 보았던 하늘이며 구름, 나무와 풀, 날아가는 새들까지도 처음 대하듯 빛깔이 너무 또록또록하고 의미 있게 보인다. 이 세상은 멀리서 보면 현(玄, 검은 듯 가뭇없는)의 빛깔이지만 세상의 한가운데서 보면 수만 가지로 이루어졌음을 알 수 있다. 우리가 산다는 것은 세상에 감추어진 색깔들을 하나하나 벗겨 가는 일이 아닌가 한다. 그래서 이 세상 떠날 때, 후회 없이 살았다고 할 수 있는 것은 누가 얼마나 많은 색깔을 제대로 보고 가느냐로 판가름해야 하지 않을까 싶다.

《꿈》은 《사랑하지 않는 죄》, 《그늘 속에서도 풀꽃은 핀다》에 이어 나의 세 번째 산문집이다. 이번 산문집에는 그동안 신문과 잡지에 발표한 글들을 간추려 모았다. 나는 이번에 산문집을 묶으면서, 글을 쓰는 사람으로서 크게 깨달은 것이 있다. 신문 칼럼 등 시사적인 글은 생명력이 없다는 것을. 뉴스는 가장 썩기 쉬운 생선이라고 했던가. 신문에 쓴 칼럼 등은 몇 년, 아니 몇 달만 지나면 죽은 글이 되고 만다는 것을 뼈저리게 알았다. 그 때문에, 그동안 여러 신문에 꽤 많이 썼던 시사적인 칼럼은 몇 꼭지만 살리고 모두 사장시켜 버렸다. 세계적인 이슈나 한때 정국을 뒤흔들었던 정치 스캔들에 대한 글보다는 깊은 산 흰 눈 속에서 노랗게 피어나는 복수초 꽃에 대한 단 한 줄의 글이 더 아름답고 생명력이 강하다는 것을 깨달았다. 앞으로 죽은 글은 절대로 쓰지 않을 것이다.

　창작 소설집 《울타리》와 산문집 《꿈》을 한꺼번에 내 주신 이룸출판사에 감사드린다.

문 순 태

| 차례 |

1장
살며 느끼며

오래된 만년필

　　며칠 전 나는 서랍을 정리하다가 오래전에 사용했던 만년
필을 발견했다. 지난날 내가 즐겨 사용했던 물건이 서랍 구석에
버림받듯 처박혀 있는 것을 보니, 마치 오랫동안 잊고 살아왔던
옛 사람을 다시 만나기라도 한 것처럼 감회가 새로웠다. 이 만
년필은 1974년 '한국문학 신인상'에 소설 〈백제의 미소〉 당선
기념으로 선물 받은 파카21이다.

　　나는 이 만년필로 펜 끝이 뭉뚝하게 닳도록 한동안 많은 글
을 썼다. 오른손 장지의 끝 마디 안쪽에 콩알만 한 군살도 이 만

년필로 글을 쓸 때 생긴 것이다. 이 무렵 나는 소설의 초고는 반드시 연필로 노트에 쓰곤 하였다. 노트 왼쪽에 깨알 같은 글씨로 빽빽하게 초벌을 쓴 다음, 다시 오른쪽에 퇴고를 해 가며 정리했다. 퇴고가 완전히 끝난 다음에야 파카 만년필로 원고지에 깨끗하게 옮겨 썼다. 만년필로 200자 원고지의 빈칸을 한 칸 한 칸 메울 때의 마음은 마치 농부가 모를 심기 위해 넓은 논에 발을 담그고 허리를 구부린 심정처럼 엄숙하고 진지하기까지 했다.

암튼 나는 이 만년필로 장편소설 《징소리》와 《타오르는 강》을 썼다. 그 무렵, 이 만년필이 우리 여섯 식구를 먹여 살린 셈이다. 그러니까 내가 1980년 5월의 일로 신문사에서 해직되었을 때, 내가 믿고 의지할 수 있었던 유일한 재산은 오직 이 파카 만년필 하나였다. 그 시절 나는 직장도 없이 여섯 식구 목줄을 지탱하기 위해 닥치는 대로 글을 썼다. 그때는 원고료가 별로 신통치 않아서 팔이 아프도록 글을 써도 여섯 식구 먹이고 아이들 학비 대 주기가 버거웠다. 얼마나 오른팔이 아프던지 시내버스 손잡이를 잡을 수 없었다.

"아이구, 팔이 너무 아파서 글을 써 먹고살기도 힘들어 죽겠다."

나는 친구에게 하소연했다. 그러자 그 친구는

"머리가 아프도록 써야 명작이 나올 텐데 팔이 아프게 써서야 어디 되겠냐."

하며 비아냥거렸다.

"팔이 이렇게 아픈데 머리는 얼마나 아프겠냐."

나는 그렇게 말했다. 그 무렵 직장 없이 소설만 써서 먹고산 작가들은 대부분 나처럼 팔이 아팠을 것이다.

나는 이 파카 만년필로 꼬박 10년 동안 글을 쓰다가 1985년에야 전동 타자기를 구입하였고, 1992년부터는 컴퓨터를 사용하기 시작했다. 컴퓨터는 요술 단지처럼 편리했다. 퇴고나 끼워 쓰기도 쉽게 할 수 있어 컴퓨터가 없으면 아예 글을 쓸 수 없었다. 그래서 사무실과 집에 각각 컴퓨터를 들여놓고 노트북까지 장만했다. 편지도 컴퓨터로 썼다. 그러면서 만년필이 어디에 처박혀 있는지 관심도 갖지 않게 되었다.

오랜만에 만년필을 손에 쥔 나는 갑자기 원고지에 글을 쓰고 싶어졌다. 옛날처럼 농사꾼이 땀 흘려 모를 심는 심정으로 하얀 원고지에 또박또박 글자를 심고 싶어졌다. 손가락 끝으로 컴퓨터의 자판기를 가볍게 툭툭 두드리는 것보다 피를 쥐어짜듯 팔에 힘을 주어 가며 원고지를 메우고 싶었다. 그래서 옛날 내가 즐겨 쓰던 미제 파카 잉크를 사기 위해 그 길로 택시를 잡아타고 시내로 나갔다. 1980년대까지만 해도 나는 충장로에서 제일극장 골목으로 휘어드는 모퉁이에 있는 만년필 가게에서 잉크를 사곤 했었다. 전화 부스보다 약간 큰 그 만년필 가게에서는 나보다 열 살쯤 연상인 왜소한 남자가 미제 잉크, 라이터, 전기면도기, 담배 파이프, 하모니카, 소형 라디오, 카메라 등속을 만물상처럼 오밀조밀 진열해 놓고 팔았다. 오랜만에 찾아가 보았더니 그 자리에 꽃집이 생겨 만년필 가게는 찾아볼 수 없었다. 나는 시내를 다 뒤지다가 도청 분수대 맞은편 인도 한켠에 붙어 있는 만년필 가게를 발견했다. 그러나 옛날 내가 자주 찾아가곤 했던 만년필 가게와는 사뭇 달랐다. 만년필이나 라이터를 파는 가게라기보다는 신문이나 주간지 나부랭이며 시내버스 토큰 등을 팔고 있었다.

파카 잉크를 찾자 40대의 가게 주인 여자는 한참 동안 내 얼굴을 짯짯이 들여다보는 것 같더니 잠깐 기다려 보라고 한 후, 가게 안 구석구석을 뒤지기 시작했다. 그리고 한참이나 있다가 먼지가 켜켜이 눌어붙은, 낯익은 정사각형의 잉크병 케이스를 꺼내는 것이었다.

"어쩔라고 잉크 두 병이 남어 있네요. 요새는 통 잉크 찾는 사람이 없당께요. 요새는 누가 만년필을 써야지라."

그러면서 그 아주머니는 잉크 값이 얼마인지조차 몰랐다. 나는 너무 반가워서 잉크 두 병을 사 들고 집으로 돌아와 오랫동안 버려두었던 파카 만년필에 잉크를 넣었다. 고갈되고 황폐한 내 영혼의 텃밭에 흥건히 샘물을 적시는 것처럼 기분이 촉촉해졌다. 그리고 오랜만에 만년필을 손에 쥐고 엄숙하고 경건한 마음으로 원고지 앞에 앉았다.

만년필을 쥐고 밭고랑 같은 정결한 원고지를 메우면서, 나는 문득 초등학교 시절 몽당연필의 추억에 사로잡혔다. 그 시절, 빨간 난초꽃이 그려진 양철 필통이 얼마나 갖고 싶었는지 몰랐다. 다른 아이들이 책보를 어깨에 비뚜로 메고 달음질을 칠 때마다, 양철 필통 속의 몽당연필이 부딪치며 내는 달그락거리는 소리가 얼마나 부러웠는지 몰랐다. 아직 내 귀에는 그 소리가 삼삼하다.

요즘은 누구나 펜으로 글씨 쓰는 것을 싫어한다. 학생들이 과제물을 제출한 것을 봐도 원고지에 펜으로 또박또박 써 낸 것은 별로 찾아보기 어렵다. 물론 컴퓨터를 이용한 것이 쓰기도 편하고 읽는 데도 좋기는 하다. 그러나 가끔은 펜으로 글씨를 쓰는 것도 필요한 것 같다. 펜으로 쓴 글씨 속에는 그 사람의 인간적 향기가 스며 있기 때문이다.

어제 나는 문예창작과 1학년 학생들에게 200자 원고지 250장 정도의 중편소설 두 편씩을 원고지에 펜으로 베껴 써 오라는 과제를 냈다. 학생들은 불만스럽게 괴로움의 탄성을 내질렀다.

"글은 손가락 끝으로 컴퓨터의 자판기를 두드리는 것보다, 고통스럽게 마음과 머리를 펜 끝에 짜내어 쓰는 것이 훨씬 생명력이 강할 것 같지 않아요? 그러니 우리 오랜만에 펜을 손에 쥐어 보기로 해요. 느낌이 다를 테니까."

나는 그렇게 말하며 학생들의 불만을 다독거렸다.

꽃은 죽은 넋이 세상에 나온 것

　　세상이 굳게 닫혀 있었던 1970년대, 나는 가끔 송광사로 법정(法頂)스님을 찾아가곤 했다. 그 무렵 법정스님은 소위 반체제 인사로 지목되어 소재지 경찰서로부터 일거수일투족을 감시당하고 있었다. 당시 신문사에 몸담고 있던 나는 스님을 만나러 갈 때는 광천지서에 전화를 걸어 스님의 소재를 확인하곤 했다. 지서에서는 스님이 몇 시에 나가서 몇 시에 돌아오는지를 정확히 파악하고 있었다. 그날도 나는 지서에 전화로 확인을 한 다음에 스님이 은거 중인 송광사 불일암(佛日庵)으로 향했다. 이 세상에서 가장 붉은 색깔이라는 비둘기의 피보다 더 새빨간 철쭉꽃이 흐드러지게 피는 계절이었다. 5월이라고는 하지만 산골의 봄은 아직 차가워 바람이 한사코 목덜미를 파고들었다. 잡목이 우거진 산등성이를 추어 올라 불일암에 이르자 온몸이 땀에 흠씬 젖었다.

불일암 산전(山田)엔 모란꽃이 떼 지어 피어 있고, 모란 밭 옆에 아욱이 뾰조록하게 하늘을 이고 있었다. 법정스님은 나이가 지긋하고 자태가 해맑은 보살할미와 창호지로 문을 바르고 있다가 합장을 하고 맞았다. 스님이 우물을 가리키며 땀을 식히라고 하여 한 바가지 샘물을 떠 마셨더니 거짓말처럼 땀이 가셨다.

조계산(曹溪山)을 훑고 성큼 건너온 5월의 바람과 창자가 시린 샘물로 땀을 식히고 불일암 마루에 걸터앉았다. 초파일이 지난 지 얼마 되지 않았는데도 암자엔 등 하나 걸려 있지 않아서, 왜 벌써 등을 모두 치워 버렸느냐고 물었더니 등불 대신 모란꽃이 화려하게 피어 있지 않느냐면서 부처님도 돈이 드는 등불보다는 모란꽃을 더 좋아하실 것이라고 하였다.

"철쭉이 시들기 시작하는 것을 보니 봄이 또 허무하게 지나버린 것 같네요."

"철쭉꽃 빛깔이 꼭 죽은 사람의 혼같이 보이지 않아요? 꽃은 그냥 피어나는 것이 아니지요. 꽃은 그리움에 지쳐 죽은 사람이 넋으로 세상에 다시 나온 것이랍니다."

차가운 바람이 불어왔다. 스님은 바람이 차다면서 방으로 안내했다. 방에 들어가자 스님은 전기 코드를 찔러 찻물을 끓였다.

"감시가 심할 텐데 가끔 세상 나들이를 하시는지요."

"보시다시피 나는 자유롭습니다. 무서운 건 마음의 감옥이지요. 몰래 서울이나 한번 올라가 보고 싶네요. 한데 나는 서울에만 올라가면 아프거든요. 세속과 가까워지다 보면 아파서 견딜 수가 없게 됩니다. 그러면 다시 세속의 때를 벗기 위해 불일암으로 돌아오지요. 이곳에 와서 얼마 동안 충전을 한답니다."

스님은 지난겨울에 김장독을 사려고 낙안, 광천 등 여러 장을 돌아다니다 허탕을 치고 순천에 가서야 사 왔다고 했다. 스님은 장에 가 보니 온통 플라스틱 제품들뿐이라고 한탄을 했다.

"세상이 숨 가쁘게 변해 가고 있어요. 정신을 차릴 수가 없어요. 세상이라는 그릇이 변하니 그릇 속에 담긴 인간이야 변하지 않을 리가 있겠어요. 이렇듯 세상과 사람들이 함께 변하고 있는 것을 보면 또 마음이 아파요."

"스님께서는 마음에 세속의 때가 끼면 아프다고 생각하시는 모양이지요. 저 같은 속인(俗人)들은 몸이 아픈 것만을 중하게 여기고, 마음 아픈 것은 아무렇지도 않게 생각하는데요."

"몸이 병든 것은 고칠 수가 있지만 영혼이 병든 것은 고칠 수가 없어요. 우리는 영혼이 아프게 인생을 고뇌하며 살 가치가 있지만 병들어서는 안 됩니다. 영혼이 아프게 산다는 것은 오히려 정신이 건강하다는 징조지만, 병이 들어 버리면 구원이 불가능해요."

이날의 대화는 한낮이 될 때까지 계속되었다. 이때 밖에서 보살할미가 손님이 왔다고 알려 주었다. 그때서야 나는 천천히 일어섰다. 앞산에서 소쩍새가 낭자하게 울어 댔다. 소쩍새 울음을 들으며 나란히 서서 포즈를 취하자 보살할미가 카메라의 셔터를 눌러 주었다.

장모님의 새 옷

언제부터인가 나는 처가를 찾아가는 발걸음이 무거워지기 시작했다. 장모님을 자주 찾아뵙지 못하는 죄스러움 때문에 자꾸만 고개가 숙여졌다. 늙으신 장모님에 대한 불효 탓이리라. 이번에도 나는 추석이 며칠 지난 후에야 강의가 없는 날을 택해 아내와 함께 서둘러 코스모스 길을 따라 장모님 댁을 찾아갔다. 아들 형진이의 결혼 예단으로 한복을 지어 드리기 위해 장모님의 옷 치수를 재러 간 것이다.

"돌아가시기 전에, 마지막으로 곱게 차려입으시라고 한복

한 벌 해 드립시다. 우리 형진이 세상에 태어날 때 손수 받아 주셨으니 외손자 예단으로 한복 한 벌 얻어 입으실 만해요."

아내는 차 속에서 한숨 섞어 가며 똑같은 말을 몇 번이고 되풀이했다. 아마도 그동안 친정어머니한테 표 나게 잘해 드린 것이 없음을 못내 마음 아파하는 눈치였다. 장모님은 언제나 자식들이 돌아오기를 애타게 기다리시듯 대문을 훨쩍 열어 두고, 맨드라미며 국화, 칸나, 채송화가 도담도담 피어 있는 마당에서 대추를 따서 말리고 계셨다. 장모님은 대문 안으로 들어서는 사위와 딸을 보시더니 허리를 곧게 펴지 못한 채 이내 시울이 그렁그렁 젖었다. 문득 32년 전 내가 결혼 승낙을 받기 위해 찾아뵈었을 때의 그 짱짱하고도 칼칼했던 50대 중반의 장모님 모습이 눈에 밟혀 왔다.

"대추 풍년 든 해에 시집 장가가면 자손이 번성한다는디, 우리 형진이 아들딸 많이 낳겠구나."

외손자의 결혼 소식에 장모님 얼굴에 주름살이 펴지고 잔잔한 미소가 흘렀다.

"나 옷 냅둬라. 옷 많이 해 봤자 나 죽으면 불사르기만 귀찮제."

장모님은 한사코 새 옷 짓는 것을 마다하셨다. 아내의 말로 장모님은 이미 오래전부터 돌아갈 날이 가깝다면서 새 옷을 해 입지 않으신다고 했다. 그러고 보니 팔순이 넘으면서부터 장모님의 옷차림이 갑자기 휘주근해지는 것 같기도 했다. 아내는 장모님 방으로 들어가 장롱 속의 옷들을 모두 꺼내 펼쳐 놓았다. 하나같이 색깔이 희치희치 바래고 기장이 짧거나 너무 길어 한참 유행이 지난 것들이었다.

"왜 새 옷들을 입지 않고 장롱 속에 처박아 둬서 구닥다리를 만들어 버렸어요."

아내는 장모님의 옷들을 꺼내며 촉촉하게 젖은 목소리로 신경질을 부렸다.

"무신 좋은 일이 있었어야 새 옷을 입지야."

그러면서 장모님은 공허하면서도 쓸쓸하게 웃음을 삼키셨다. 장모님 말씀대로라면 그동안 장모님은 정말로 새 옷을 입고 싶을 만큼의 좋은 일이 없었단 말인가. 하기야 요즘 살기 편한 도시 아낙들과는 달리, 시골에 남은 우리네 부모님들은 늘그막까지 온몸이 땀벌창이 되도록 일을 하며 버둥대고 살았기 때문에, 아무 때나 좋은 옷을 입을 수가 없었으리라. 몸단장하고 새 옷을 입는 날은 일 년치고 몇 날 되지 않는다. 장모님 생애에서 새뜻하게 차려입고 나들이한 날이 과연 몇 날이나 되었을까. 어쩌면 장모님의 일생은 새 옷 몇 벌로 끝나게 될지도 모른다는 생각에, 마음이 무거워지면서 인생이 덧없고 허무함을 느꼈다.

언젠가 장모님은 4남 1녀 길러서 짝지어 보내 놓고 나니 어느덧 자신도 몰라보게 훌쩍 늙어 버렸더라고 말씀하셨다. 그리고 자식들이 하나 둘 품에서 떠난 이후, 별로 오달지게 좋은 일이 없더라고 하셨다. 하루하루 견딜 수 없는 적적함만이 뼛속으로 파고들었을지 모른다. 자식 하나가 지옥 하나라는 말이 있듯이, 아무리 부모 말을 잘 듣고 착한 자식이라고 해도 4남 1녀 키우는 동안 나름대로 저마다 곱이곱이 지옥 같은 크고 작은 고통이 있었으리라. 그렇지만 장모님은 단 한 번도 고통스러운 표정이나 외로움을 드러내 보이지 않으셨다.

아내가 장모님의 옷 치수를 재는 동안 나는 휑한 집 안 구석구석을 한 바퀴 휘돌아보았다. 수탉의 볏 같은 맨드라미가 발갛게 피어 있는 장독대에는 예나 다름없이 크고 작은 수많은 옹기들이 크기에 따라 질서정연하게 정돈되어 있었다. 아내의 말마따나 장모님은 몇 년 전까지만 해도 장독대를 핥아 주고 싶을 만큼 '달걀같이' 꾸며 놓고 사셨다. 언제 보아도 윤기가 자르르한 장독들이었는데 지금은 오래도록 손길이 닿지 않아 먼지가 켜켜이 내려앉아 있는 것을 보니 마음이 아팠다.

거미줄이 여러 겹 뒤엉킨 헛청과 더그매에는 오쟁이, 멍석, 짚 소쿠리, 고무래, 도리깨, 멱서리, 쟁기, 쇠스랑 등이 먼지를 부옇게 뒤집어쓰거나 녹이 슨 채 아무렇게나 방치되어 있었다. 자식들이 떠나고 농사가 끊긴 지 오래인지라 쓸모가 없어 버려지다시피 한 집 안의 농기구들은 마치 언제부터인가 새 옷 입기를 포기해 버린 늙으신 장모님처럼 초라하고 슬퍼 보였다.

장모님의 땀이 흥건히 배었을 그 농기구들은 한땐 꿈을 일구는 소중한 도구가 되었을 것이다. 장모님은 괴로움도 잊으신 채 그 농기구들로 자식들을 위해 꿈을 캐듯 땅을 일구셨을 것이었다. 그러나 이제 한사코 새 옷 해 입으시기를 마다하실 정도로 모든 희망을 잃어버린 장모님처럼 그 농기구들 또한 꿈을 잃은 주인을 슬퍼하며 헛청의 먼지 구덕 속에 버려져 있는 것이리라. 그러나 늙는다는 것은 결코 쓸모없음이 아닌 것을 누가 알까. 농사를 짓지 않은 농가는 이상하게도 쓸쓸하고 허허롭기만 하다.

"옷 치수를 잴 때 만져 보니까 몸이 너무 쇠약해지셨어요. 허리도 더 굽었고, ……이제 새 옷 입으셔도 전처럼 태깔이 나지 않을 것을 생각하니 속이 상해요."

장모님을 남겨 두고 돌아오면서 아내는 눈물 바람을 하였

다. 그리고 며칠 후, 장모님은 연한 팥색 치마저고리 가을바람
에 펄럭이며 외손자 결혼식장에 오셨다. 장모님은 이날따라 오
랜만에 옷 색깔처럼 환하게 웃으시며 딸 앞에서 굽은 허리를 곧
게 펴려고 한껏 힘을 주시는 것 같았다. 장모님의 그 모습을 본
아내의 눈이 크렁하게 젖었다.

꿈

새해가 시작되면 누구나 새로운 꿈 하나라도 간직하고 싶어 한다. 꽃이 피는 계절이면 갓 유치원에 들어간 어린아이에서부터 늙은 농사꾼에 이르기까지, 새로운 꿈을 꾸고 싶어 한다. 가슴속에서 꿈이 싹틀 때 세상은 무지개처럼 아름답게 보이게 마련이다.

"할아버지 내 꿈이 연예인으로 바뀌었어요. 장나라 같은 연예인이 되기로 했어요."

여섯 살짜리 손녀 지영이가 유치원에 입학하던 날 제법 진지하게 말했다. 대통령 선거가 한창일 때까지만 해도 지영이는 대통령이 되는 게 꿈이라고 했었다. 나는 갑자기 꿈이 바뀐 이유를 물었다.

"대통령이 되면 텔레비전에 자주 나올 줄 알았는데, 자리에서 물러나면 그만이래. 그렇지만 연예인은 늙어서도 텔레비전에 매일매일 나올 수 있잖아요."

텔레비전 출연 빈도가 꿈의 기준이 된 셈이다. 아이들의 꿈은 그 색깔과 크기가 자주 변하는 것 같다. 그리고 그 가변성은 세태를 따라가는 것 같다. 스스로 삶의 길을 선택하게 될 때까지, 그리고 자신이 간직해 온 꿈의 실현 가능성과 불가능을 깨닫게 되기 전까지는 꿈의 내용이 여러 차례 변하는 게 정상인지도 모른다. 꿈이 다채롭게 변하는 것은 아름다울 수 있다. 그리고 그것은 아이들만의 특권일지도 모른다. 꿈꾸는 자는 행복하다고 했듯이, 어른이고 아이들이고 꿈을 갖고 사는 것은 아름다울 수밖에 없다.

"네 장래 꿈이 뭐냐?"

어른들은 아이들에게 이런 질문하기를 좋아한다. 그리고 어른들은 그 대답을 통해 아이가 지금 무슨 생각을 하고 있는가를 짐작한다. 물론 어른들은 아이의 꿈이 그대로 이루어질 수 있다고 믿지는 않는다. 그러므로 아이의 꿈이 어른의 마음에 들지 않는다고 해서 이를 수정하려고 한다거나, 더 큰 꿈을 갖도록 강요해서도 안 된다. 왜냐하면 그 꿈은 또 변하기 때문이다. 아이들 꿈의 내용이 자주 변한다는 것은 삶에 대한 욕망이 다양하고 또 무한한 가능성을 보여 주는 것이기도 하다. 노래 잘하는 사람을 보면 가수가 되고 싶고, 축구 잘하는 사람을 보면 축구 선수가 되고 싶은 생각을 갖는 것은 너무도 당연하다. 고등학교에 들어가 진학 진로가 선택되면서부터 꿈은 제한되기 마련이다. 그리고 대학을 나와 냉엄한 현실 사회에 발을 들여놓게 되면서부터는 자신의 꿈이 한갓 몽환에 지나지 않았다는 것을 알게 된다. 한때 많은 아이들은 대통령이나 장관, 국회의원이 되고 싶다는 꿈을 갖고 있었다. 그러나 이들의 존재가 부정적으로 인식되면서부터 꿈의 대상이 바뀌었다. 인공위성이 달에 착륙했을 무렵 가장 인기 있는 꿈의 대상은 과학자였다. 그러다가 우리나라 선수들이 올림픽에서 금메달을 따고 갈채를 받자, 다시 운동선수가 되고 싶어 했다. 그리고 가수나 탤런트, 영화배우, 개그맨 등 텔레비전을 통해 대중문화가 꽃을 피운 지금은 많은 아이들이 연예인을 꿈꾼다. 지금 운동선수와 연예인은 아이들의 우상이 되고 있다. 그들은 텔레비전에 자주 나오기 때문이다. 텔레비전에 얼굴이 나와야 훌륭한 사람으로 인정되고 있다는 게 문제다.

"엄마는 우리 아빠가 훌륭한 사람이라고 했는데 왜 텔레비전에는 한 번도 안 나와?"

얼마 전, 손녀딸 지영이가 제 엄마에게 묻는 걸 듣고 깜짝 놀랐다. 아이 엄마는 훌륭한 사람이라고 해서 꼭 텔레비전에 다 나오는 것은 아니라느니, 앞으로 네 아빠도 텔레비전에 나올 때가 있을 거라느니, 궁색하게 설명을 했다. 지영이는 시큰둥했다. 아이들은 텔레비전에 나오지 않은 사람은 별 볼일 없는 사람이라고 생각하는 것 같다.

어렸을 때 내 꿈은 트럭 운전사였다. 내가 중학교에 다닐 때까지만 해도 우리 고향에는 버스가 들어오지 않았다. 그 무렵 유일한 교통수단은 산판에서 나무를 실어 나르는 군용 트럭이 전부였다. 오지 산골 마을에서 태어나 산만 바라보고 자란 나는 트럭 운전사가 되어 이 세상을 맘껏 돌아다니고 싶었다. 그때만 해도 트럭 운전사가 되겠다는 것은 결코 만만한 꿈이 아니었다. 대부분 초등학교를 졸업하면 농사꾼이 되게 마련이었으니까. 어쩌면 트럭 운전사 꿈이라도 꾸었으니까 소설가가 되었는지도 모른다. 그나마 아무런 꿈도 꾸지 않았던 고향 친구들은 거의 농사꾼이 되었으니까. 사실 죽지 않고 살아남을 수 있기도 어려웠던 그 시절에 무엇이 되겠다는 꿈을 갖는다는 것은 사치였을지도 모른다.

어른들은 자녀들이 큰 꿈을 갖기를 원한다. 큰 꿈을 꾼다고 해서 모두가 큰사람이 되는 것은 아니다. 큰 꿈만을 생각하는 것은 자칫 한탕주의나 대박 같은 것을 바라게 한다. 슈바이처가 되기 위해서 막연히 슈바이처를 꿈꾸기보다는, 가난하고 불쌍한 사람을 사랑할 줄 아는 것부터 실천해야 한다. 막연히 위대한 사람을 동경하는 것보다는 작은 일에 최선을 다하면 큰일을 할 수 있는 사람이 될 수 있기 때문이다.

큰사람이 되기 위해서는 아주 작은 꿈이라도 그것을 실천할 줄 알아야 한다. 작은 꿈들이 모여서 큰 꿈을 이루기 때문이다. 그러므로 작은 꿈이 더 아름답다. 농사꾼이 되겠다는 소박한 꿈을 갖고 진정으로 땅을 사랑하다 보면 뜻밖에 위대한 사람이 될 수도 있지 않겠는가. 보잘것없는 씨앗 한 알을 흙에 묻고 정성을 다하면, 싹이 트고 자라서 꽃이 피고 열매를 맺는 과정의 신비로움을 깨닫게 되면, 훗날 훌륭한 과학자가 될 수도 있지 않겠는가. 새 시대의 봄이 왔다. 꿈이 없는 사람들은 이제부터 작은 꿈 하나라도 갖고 살았으면 싶다.

희망

나는 강둑을 걷고 싶어서 얼마 전 도심에서 멀리 떨어진 첨
단 단지로 이사를 했다. 학교까지 걸어서 10분 거리에 살다가,
출근길이 힘든 곳으로 이사를 한 것을 어쩌면 바보스러운 짓이
라고 할지도 모르겠다. 아닌 게 아니라, 출근길이 쉽지는 않다.
더욱이 밤이면 모텔과 유흥업소의 불빛이 불야성을 이루어 교
육 환경도 그리 좋지가 않다. 말이 첨단 단지지, 유흥 단지나 다
를 바 없다. 그래도 나는 이곳으로 이사 와서 둑길을 걸을 수 있
어 간질간질한 행복을 느낀다. 나는 오늘도 홀로 둑길을 걸었

다. 황룡강 상류 둑길에는 쑥이며 코딱지나물, 쑥부쟁이, 씀바
귀, 냉이들이 파릇하게 돋아나고 버들개지 꽃망울이 맺히기 시
작, 봄이 늘어지게 하품을 하며 한창 생명을 틔우고 있다. 또한
강물에는 물오리가 날아들고 아직 제대로 다듬어지지는 않았지
만 강변 공원의 나뭇가지에서 참새며 까치, 동박새들이 지저귀
는 소리도 들을 수가 있다.

　나는 강변 둑길을 걸으면서 오랜만에 고향으로 다시 돌아
온 기분에 젖는다. 유년을 시골에서 보낸 내가 둑길로 다시 돌
아오기까지 50년이라는 긴 세월이 걸린 셈이다. 둑길로 다시
돌아온 나는 지금 내 존재의 고향으로 돌아가기 위해, 마음에
켜켜이 쌓인 세속적 먼지를 털어 내는 연습을 한다. 그동안 문
명과 개발이라는 미명 아래 너무나 소중한 것들을 잃어버리고
말았다. 살기는 편리해졌으나 자연과 멀어지면서 이웃도 없어
지고 사람과 사람의 관계가 시멘트처럼 단단하게 굳어져 버렸
음을 절감한다.

　4월은 나무를 심는 달이다. 이제부터라도 우리가 파괴한 자
연을 우리 스스로 복원해 가야 하겠다. 풀 한 포기, 나무 한 그
루라도 심고 가꾸는 것이야말로 삭막해진 내 마음을 되살리는
중요한 작업이 아닐 수 없다. 자신의 이익을 위해 나무를 심는

사람은 없다. 다음 세대를 위해서 나무를 심는다. 그러므로 나무를 심는 마음이야말로 진정한 이타심(利他心)의 발로인 것이다. 나무를 심는 마음으로 살아간다면, 소원해진 것, 황폐된 것, 소멸되어 버린 것들에 대한 회복이 얼마든지 가능하다. 나무를 심는 마음은 미래를 지향하는 것이고 그것이 곧 희망이다. 4월은 총선거가 있다. 정치하는 사람도 개인의 이익이나 당리당략을 떠나 나라의 장래를 생각해서 나무 심는 마음으로 돌아가기 바란다. 유권자들도 한 그루의 나무를 심는 마음으로 투표에 임해야 한다.

프랑스 작가 장 지오노의 소설 《나무를 심은 사람》이 생각난다. 가난한 양치기 엘제아르 부피에는 희생적 노력으로 프로방스의 황무지에 나무를 심어 거대한 숲을 만든다. 이 소설이 우리에게 주는 메시지는 강하다. 그가 평생 동안 심은 것은 단순한 나무가 아닌 '희망'이었고 평생 가꾼 거대한 숲은 '아름다운 공동체'인 것이다. 지금 우리는 이기주의에 매몰되지 않고 행복한 사회를 만들기 위해서 나무 심는 마음으로 살아갈 때다.

똑같아지는 인생

우리 아파트에 멋쟁이 할머니가 살고 계셨다. 모두들 유식한 할머니라고 불렀다. 팔순의 나이에도 지적인 향기가 몸에 배어, 노년의 내면적인 아름다움이 은빛처럼 해맑아 보였다. 큰 키에 커트 머리가 잘 어울렸으며 몸에 달라붙은 양모 바지에 화려하지 않은 밤색 재킷을 즐겨 입었다. 지적인 품격과 세련미를 풍기는 그 할머니는 언제나 아파트 단지 안을 산책하거나 등나무 아래의 긴 벤치에 혼자 앉아서 책을 읽고 있었다. 허름한 몸뻬나 깡동치마 차림의 우리 어머니 모습과는 너무나 대조적이었다.

어느 날 나는 어머니에게 멋쟁이 할머니가 다른 노인들과 잘 어울리지 않는 이유를 넌지시 물어보았다.

"그 잘난 척허는 할망구? 지가 배웠으면 을매나 배웠다고 무식한 망구탱이들이라고 우리를 무시혀. 노인정 노인네들 그 할망구 다 싫어해야."

어머니는 흥분을 감추지 못하며 멋쟁이 할머니를 비난하셨다.

그로부터 얼마 후, 나는 멋쟁이 할머니와 우리 어머니가 등나무 벤치에 나란히 앉아 웃어 가면서 다정하게 이야기를 주고받는 것을 보고 적이 놀랐다. 나는 그날 밤 어머니에게 무슨 이야기를 그렇게 재미있게 했느냐고 물어보았다.

"그 할망구가 젊어서 외국 여행 갔던 이야기를 자랑허드라. 그래서 나는 젊었을 때 발바닥에 물커지도록 걸어댕김시로 도붓장시해서 너 대학 보낸 이야기를 해 줬다. 아무리 잘난 척해도 지나 내나 똑같은 인생인겨. 나이 팔십이면 잘난 년이나 못난 년이나, 많이 배운 년이나 못 배운 년이나, 돈 있는 년이나 없는 년이나, 영감 있는 년이나 없는 년이나, 방에 누워 있는 년이나 북망산에 누워 있는 년이나 마찬가진겨."

그러면서 어머니는 처지가 비슷한 노인정 친구들이 자매처
럼 좋다고 하셨다. 농촌 출신인 그들은 배우지도 못했고 젊어서
는 자식들 뒷바라지하느라 여행 한 번 못해 보았다. 그리고 지
금은 도시에서 기반을 잡은 자식들을 따라와 외롭게 살고 있다.

그해 겨울, 멋쟁이 할머니가 중풍으로 쓰러졌다. 병문안을
다녀오신 어머니는 멋쟁이 할머니가 손을 꼭 잡고 눈물을 흘리
더라고 하면서 겨울을 넘기지 못할 것 같다고 하셨다. 어머니는
먼저 가서 기다리고 있다가 뒤따라가면 모른 척 말고 반갑게 맞
아 달라는 부탁을 했다고 한다. 멋쟁이 할머니가 세상을 떠나던
날 어머니는 등나무 벤치의 빈자리에 온종일 우두커니 앉아 계
셨다. 시작과 과정이 다른 삶이라 해도 결국 인생의 끝은 모두
똑같아지는 것이 아닌가 싶다.

인생 정류장

정류장은 멈춤과 떠남과 기다림의 자리이다. 이곳에 자동차와 사람의 발걸음이 멈추고 가슴 설레게 하는 기다림이 있다. 이곳에서는 많은 시간을 필요로 하지 않는다. 잠시, 설렘을 진정시키고 숨을 가다듬는 시간이면 충분하다. 이곳은 돌아오는 사람과 떠나는 사람이 만나고 스치는 자리이지만 어쩐지 떠남의 의미가 더 강하게 다가온다. 똑같은 장소에서 똑같은 떠남을 일상적으로 되풀이하는 사람도 있지만 마지막 떠나는 사람도 있다. 이곳에는 낯선 사람과의 우연한 마주침이 있고 더러는 우연한 만남이 필연의 사랑으로 이어지기도 한다.

세상에는 하루에 두세 번 낡은 헌털뱅이 버스가 부연 매연을 토해 내며 멈추는 시골 정류장이 있는가 하면 5분마다 수많은 사람들을 기계처럼 반복해서 토해 내고 다시 진공청소기 속으로 빨려 들어가는 듯한 지하철 정류장도 있다. 또한 무중력 상태에서 유영하는 우주정류장까지 있다. 정류장은 도시의 숨 가쁜 유동성의 공간보다는 한적한 곳일수록 오래 머무르고 싶어진다.

나는 군내 버스가 덜컹거리며 먼지를 일으키고 이따금씩 멈추는 시골의 정류장을 떠올리고 싶다. 삼거리에는 으레 주막이 있게 마련이다. 낡고 찌그러진 좌판을 닮은 늙고 초라한 주모의 삼류 소설 같은 물크러진 인생 역전이 있어 더욱 매력을 느낀다. 버스 길이 닿지 않는 궁벽한 산골 마을 사람들은 삼거리 정류장의 주막에서 사람을 기다리고 떠나보낸다. 이곳에는 장에 간 어머니를 기다리는 아이에서부터 읍내에 나간 남편을 기다리는 아낙, 자식을 도시로 떠나보내는 어머니의 마음이 홍건하게 녹아 있다.

내 기억 속의 정류장은 유년 시절의 배고픔과 어머니에 대한 간절한 그리움의 공간이었다. 1950년대 초 전쟁 직후, 우리

가족이 고향을 떠나 떠돌음하며 그나마 목줄 잇고 살 수 있었던 것은 순전히 어머니 덕이었다. 나는 그 무렵 도붓장사를 나간 어머니를 기다리느라, 닷새마다 어김없이 정류장에 나갔다. 어머니가 5일 동안 시골 마을을 돌아다니며 물건과 바꾼 곡식을 버스에 싣고 오시기 때문이었다. 나는 어머니가 돌아오시는 날 정류장에 나가 있다가 곡식 자루를 집으로 지고 와야만 했다. 그런데 어머니의 도착 시간이 일정하지 않은 탓에 나는 온종일 정류장에서 얼쩡거릴 수밖에 없었다. 아침 일찍 도착하는 날이 있는가 하면 어떤 날은 날이 저물어서야 흐물흐물 지친 몸으로 돌아오시기도 했다. 그렇지만 정류장에서 어머니를 기다리는 그 시간이 슬프도록 좋았다. 잔뜩 먼지를 뒤집어쓰고 버스에서 내리는 어머니의 지치고 고통스러워하는 모습을 보면 마음이 아리기도 했지만, 울컥 반가움에 어머니를 외쳐 부르며 승강대로 달려갔던 그 시절이 그립기도 하다.

우리네 삶의 굽이마다에도 정류장이 있다. 저마다 하염없이 누구인가를 기다리고, 또 새로운 목적지로 다시 떠나기 위해 잠시 멈추는 정류장. 그런데 내 인생의 정류장은 어디쯤에 어떤 모습으로 있었을까.

마음의 눈으로 세상을 보라

우리는 '생각해 본다'라는 말을 곧잘 한다. 어딘가 어법상으로 문제가 있음 직해 보이는 말이다. 형체가 없기 때문에 우리 눈으로 볼 수 없는 '생각'을 어떻게 본다는 것인가. 그런데도 우리는 '느껴 본다', '상상해 본다'는 등의 말을 자주 하고 있다.

여기서 우리는 '생각해 본다'의 '본다'는 눈으로 보는 것을 뜻하지 않고 마음으로 감지하는 것임을 알 수 있다. 우리는 눈과 마음으로 사람과 세상을 볼 수 있기 때문이다. 그런데 대부분의 사람들은 눈으로 볼 수 있는 것만을 사실로 믿으려고 할 뿐, 마음을 통해서 보려고 하지 않는다. 실체적 형상이 없는 것은 진실이라고 믿지 않기 때문이리라. 이런 사람들은 신뢰나 정직, 사랑까지도 눈으로 그 형상을 직접 보고 확인하기를 좋아한다. 마음의 눈을 믿지 않는 것은 마음보다는 물질을 더 중요하게 생각하고 있기 때문이다. 예컨대 사랑이나 진실을 손에 쥐고 있는 돈으로 사고팔 수 있는 것으로 생각한 것이다. 돈의 액수가 많으면 사랑의 무게도 그만큼 무겁고 진실할 것이라고 믿는 것인지도 모른다. 산업사회에 들어 물질 만능주의가 팽배해짐에 따라 이 같은 물신주의의 노예가 되어 버린 사람들이 많은 것이 사실이다.

그런가 하면 더러는 마음의 눈에 비쳐 보이는 것이야말로 가장 진실한 것이라고 생각하며 늘 심안(心眼)을 밝히는 사람들도 있다. 이들은 눈으로 볼 수 있는 것들은 한갓 허상에 지나지 않는다고 생각한다. 우리 눈에 비치는 이 세상의 겉모습은 거푸집에 불과하며 그 본질은 눈에 보이지 않는 곳에 오롯이 담겨져 있다는 것이다. 따라서 이 세상의 가장 진실한 사랑이나 믿음, 양심, 아름다움은 아무나 볼 수 없다고 생각한다.

눈으로 보는 세상만을 믿는 사람과 마음의 눈에 비쳐 보이는 것이 진실이라고 믿는 두 사람이 만났다고 하자. 그리고 이들은 서로 자기가 믿는 것이 진실이라고 주장한다고 하자. 이때 우리는 과연 어느 편이 옳다고 할 수 있겠는가. 그 해답은 그리 간단하지가 않다.

도대체 우리는 두 눈으로 이 세상을 얼마나 볼 수 있다는 말인가. 그리고 마음으로 세상 보는 것을 어디 아무나 할 수 있는 일인가. 마음을 명경지수(明鏡止水)처럼 맑고 깨끗하게 갈고 닦지 않으면 심안이 열리지 않기 때문이다.

우리는 눈을 통해서 참으로 많은 것들을 볼 수 있다. 눈으로 볼 수 있는 세상은 무한히 넓고 크다. 그러나 세상의 심층을 들여다볼 수는 없다. 그 대신 심안으로는 사람의 마음까지도 꿰뚫어 볼 수 있다. 그 사람이 갖고 있는 향기까지도 마음의 눈을 통해서 냄새 맡을 수 있다. 눈에 보이지 않는 이 세상의 수만 가지 색깔을 모두 볼 수가 있는 것이다.

불가에서는 눈을 다섯 가지로 나눈다. 육안(肉眼), 천안(天眼), 혜안(慧眼), 법안(法眼), 불안(佛眼)이 그것이다. 육안은 범부의 육신에 달려 있는 눈을 말하고 천안은 중생의 미래와 생사를 볼 수 있는 눈으로, 인간도 선정(禪定)에 다다르면 능히 얻을 수 있다. 혜안은 우주 진리를 밝히는 눈이고 법안은 일체의 법을 분명히 비춰 보는 보살의 눈을 말하며 불안은 자비로운 부처님의 눈이다.

마음의 눈을 뜨기 위해서는 욕심과 이기심을 버리고 관용과 자비심으로 세상을 보아야 한다. 따라서 육안으로 세상을 보는 것도 필요하지만 육안으로 볼 수 없는 것들을 마음의 눈을 통해 보면서 살아간다면 우리 인생이 얼마나 아름답고 의미가 있을까 싶다. 세간(世間) 사람들이 꼭 출세간(出世間)의 천안이나 혜안을 얻지 못한다 해도 늘 마음을 깨끗이 하고 욕심을 눌러 정직하게 살아간다면 얼마든지 심안의 등불을 밝힐 수가 있을 것이다. 육안과 심안으로 세상을 보면서 살아가는 삶이야말로 가장 아름다운 지상의 극락이 아니겠는가.

갈무리

12월의 감나무를 바라본다. 후미진 시골 마을 밭 귀퉁이에 한가롭게 서 있는 헐벗은 한 그루의 감나무는 자신의 삶에 일말의 후회도 없어 보인다. 12월의 감나무는 의젓하고 당당하며 겸허해 보이기까지 한다. 지난 일 년 동안의 풍성한 삶을 갈무리하는 저 여유로운 몸짓에서 우리는 무엇을 느끼는가. 열매도 잎도 모두 미련 없이 떨쳐 버리고 홀가분하게 새봄을 준비하고 있지 않은가. 봄에 노랗고 여린 이파리로부터 시작하여, 작지만 앙증맞을 정도로 야무진 흰 꽃을 피웠으며 가을에는 주황색의 먹음직스러운 열매를 맺지 않았던가. 벼와 보리, 콩, 깨 등 향기도 없고 보잘 것도 없는 꽃을 피우는 식물이 향기로운 장미꽃보다 인간에게 유익한 것을 제공한다는 진리를 우리는 알고 있다. 가을의 감나무 이파리들은 선홍빛과 맑은 오렌지 빛 또는 담갈색 등 여러 가지 빛깔로 물들었다. 감나무는 꽃과 열매만이 아름다운 것이 아니라 이파리의 빛깔마저 찬란했다. 그러나 지금, 겨울을 맞은 12월의 감나무는 풍성한 열매와 화려한 이파리를 모두 떨쳐 버리고, 을씨년스러울 만큼 쓸쓸해 보인다.

한갓 식물에 지나지 않은 감나무는 지난 일 년 동안 참으로 열심히 살았다. 불타는 햇빛 속에서도 쉼 없는 광합성 작용을 하여, 한때 푸른 세상을 만들었고 때로는 거친 비바람으로 혹독한 시련을 겪기도 했다. 머지않아 몰아쳐 올 매서운 추위와 새싹을 다시 틔우게 될 봄을 기다리며, 감나무는 지금도 내년 가을의 탐스러운 열매를 꿈꾸고 있다. 우리는 대자연의 엄숙하고 위대한 순환을 지켜보면서, 과연 삶의 진정성은 무엇인가를 생각해 볼 필요가 있다.

우리는 지금 묵은해를 보내고 밝아 오는 새해를 맞기 위한 한 해의 끝자락에 서 있다. 역사적 동물인 인간은 삶의 끝자락에 있을 때는 앞을 보기 전에 먼저 뒤를 돌아본다고 한다. 지나

온 시간을 잘 갈무리하기 위해서이다. 과거는 지나간 시간의 무덤이 아니라, 내일을 더욱 분명하게 바라보기 위한 렌즈와 같은 것이기 때문이다. 그렇다면 지금 우리는 한 해의 끝자락에서 무엇을 어떻게 갈무리해야 할 것인가. 해마다 한 해를 보낼 즈음에는 새로 맞게 될 낯선 시간에 대한 기대보다는 지나간 것들에 대한 아쉬움을 절감하게 마련이다.

지난해 우리는 혼돈과 갈등의 한가운데에서 흔들렸다. 참여 정부의 출범과 함께 변화에 대한 희망으로 시작되었지만 차츰 그 희망의 빛깔이 퇴색, 끝내는 절망의 긴 터널에서 방향마저 잃고 말았다. 경제는 더욱 어려워졌고 지역 간, 계층 간, 세대 간, 이념 간의 갈등은 심화되었다. 특히 북한의 핵 놀음과 미국의 오만함으로, 남북통일의 길은 좀처럼 가까워지지 않았고, 이라크 파병을 둘러싸고 보수와 혁신의 갈등만 증폭시킨 결과를 가져왔다. 비자금 파동과 신물 난 정치권 싸움으로 국민들의 정치 혐오감은 더욱 커졌다. 타란텔라의 춤을 추는 듯한 강남 아파트 값 폭등과 청년 실업의 고통, 소득 불균형과 심화되는 빈부 격차, 되풀이되는 부패와 사람에 의한 재해 등은 절망을 넘어 허탈감만을 안겨 주었다. 게다가 미국 원정 출산과 줄지어 조국을 떠나는 이민자들을 보면서 개탄과 원망이 저절로 터져 나왔다. 많은 국민들은 과연 이래도 한국에 희망이 있는가 하고 반문하기에 이르렀다.

그러나 절망과 희망의 뿌리는 같다. 판도라의 상자 밑바닥에 희망이 도사리고 있는 것처럼 절망의 끝에 희망이 숨을 쉬고 있다. 엄밀하게 말해서 시작과 끝은 없다. 시작과 끝은 원형의 맞물림과 이음에 불과할지 모른다. 따라서 혼돈의 2003년이 끝나고 희망의 2004년을 맞기 위해서, 우리는 마음을 새롭게 가다듬고 지난 시간들을 갈무리해 둘 필요가 있다. 갈무리의 사전적 의미는 자기한테 닥친 일을 처리한다든가, 마무리하는 것 또는 농사꾼이 한 해의 곡식을 거두어 잘 저장하는 것이다. 그러기에 갈무리는 소진(消盡)이 아니라, 확대 재활용을 위한 재충전과 같은 것이다. 농사꾼이 씨 뿌리는 봄을 기다리기 위해 갈무리해 둔 식량으로 겨울의 추위를 견뎌 내는 기간은 아름다운 고통의 시간이다. 이것은 결코 정체가 아니며 소진은 더더욱 아니다. 지금 우리는 아름다운 갈무리를 위해서 지난 시간의 영광과 오욕을 떨쳐 버리고 새롭게 마음을 다잡아야 한다.

사랑의 무기

세상에서 무엇이 가장 강하고 무서운가. 어렸을 적에 누구
나 이 문제로 한번쯤은 입씨름이나 내기를 한 경험을 가지고 있
기 마련이다. 대부분의 아이들은 호랑이나 사자 같은 맹수가 가
장 힘이 세고 무서운 존재로 생각한다. 그리고 호랑이와 사자가
싸우면 어느 쪽이 이길 것인가에 관심을 갖는다. 그러다가 조금
나이가 더 들면 아무리 무서운 맹수라 할지라도 한 방에 죽일
수 있는 무기를 생각하게 된다. 이 세상에서 가장 강하고 무서
운 것은 총이며, 그중에서도 가장 큰 파괴력을 지닌 대포가 있

다는 것을 알기에 이른다.

그리고 더 나이가 들어 대자연의 법칙에 대해 눈을 뜨기 시작하면서부터는 인간이 만들어 낸 그 어떤 무기보다도 엄청난 괴력을 지닌 것은 바로 자연의 힘이라는 사실을 깨닫게 되는 단계에 이른다. 결국 인간이 쌓아 올린 그 어떤 위대한 것들도 한순간에 잿더미로 만들어 버리는 불과, 또 그 불까지도 휩쓸어 잠재울 수 있는 물의 힘이 참으로 무섭다는 것을 알게 된다.

불은 바로 인간이 지닌 최고의 권능과도 같다. 프로메테우스가 제우스 몰래 불을 훔쳐 인간에게 주었을 때, 제우스는 인간이 불을 갖는 것을 두려워한 나머지 크게 노하지 않았던가. 인간은 불을 갖게 되면서부터 강해졌고 교만해졌다고 한다. 또한 물은 생명 바로 그것이다. 물은 탄생과 소멸을 의미한다. 그리고 많은 사람들은 물이 정죄(淨罪)의 능력을 갖고 있다고 믿고 있다.

적어도 우리가 자라던 시대까지만 해도 불과 물이 이 세상에서 가장 힘이 강하고 무서운 존재였다. 그래서 불과 물속에는 무서운 불귀신과 물귀신이 살고 있다고 믿었다. 어른들로부터 불장난을 하지 말라거나 깊은 내에서 물놀이를 하지 말라는 말을 귀에 옹이가 박히도록 들으면서 자랐다.

　　확실히 자연은 인간에게 두려움의 대상이었다. 그래서 서양 사람들은 자연을 극복이나 도전의 대상으로 여겼다. 자연을 상대로 싸우는 사람을 가장 용기 있다고 평가했다. 결국 그들은 자연을 극복하고 그것을 인간 생활에 편리하게 이용하여 문명을 발달시켰다.

　　그런가 하면 6 · 25를 체험한 세대라면 이 세상에서 그 무엇보다 가장 무서운 것은 바로 사람이라는 것을 알게 된다. 사람을 죽이는 사람보다 더 무서운 것은 없다고 생각한다. 어쩌면 그때부터 이미 우리는 인간에 대한 신뢰를 잃어버렸는지도 모른다. 우리는 6 · 25라는 우리 민족이 겪은 비극을 통해서 인간이 서로 모함하고 죽이는 죄를 범했으며 그 때문에 생명에 대한 존엄성과 사랑을 회복하기에 많은 시간과 노력이 필요하게 되었다.

　　물론 요즘에는 무서운 것도 강한 것도 너무 많은 세상이다. 자동차도 무섭고 핵무기도 무서우며 암세포나 에이즈도 무섭다. 공해로 오염된 대기나 물, 법질서를 무시하는 폭력도 무섭다. 더욱이 불의가 정의를 누를 때, 온통 두려움만 넘치는 어둠의 세상이 되기 마련이다. 그러나 대부분의 사람들은 이 시대에 가장 무서운 것이 핵무기라고 생각한다. 핵이야말로 순식간에

이 세상을 쑥대밭으로 만들어 버리는 공포의 대상이라는 생각을 누구나 갖고 있다. 세계 여러 나라들이 서로 다투어 가면서 핵을 보유하려는 것도 강대국이 되기 위한 것이 아니겠는가 하고 생각하기 쉽다.

그렇지만 세상을 좀 더 넓게 바라다볼 수 있는 안목이 트이고 역사의 명암(明暗)과 인간의 삶을 보다 깊게 이해하는 단계에 이르면 이 세상에서 가장 힘이 세고 무서운 것은 결코 핵무기가 아니라는 것을 알게 된다. 그것은 바로 우리 마음속에 있는 '사랑이라는 무기'이다. 사랑은 어찌 보면 시처럼 달콤하고 부드러우며 풀잎처럼 가벼운 바람에도 쉽게 고개 숙이고 꺾이는 것 같지만, 실은 그렇지가 않다. 사랑을 약하고 부드러운 것이라고만 생각하는 것은 아직 사랑에 대해서 잘 모르는 사람이다. 사랑의 거죽만을 알고 사랑의 깊은 뜻은 모르고 있기 때문에 그 같은 생각을 하게 되는 것이다. 사랑을 직접 실천해 본 사람이라면 사랑의 힘이 얼마나 강하고 무서운 힘을 가지고 있는지를 이해할 수 있다. '사랑의 핵'이야말로 죽음을 생명으로 바꿀 수 있고 전쟁을 평화로 유도할 수도 있는 힘을 가졌다.

인간의 사랑은 모두 아름답고 위대하고 넉넉한 힘을 가졌다. 남자와 여자 사이의 이성적인 사랑에서부터 부모 자식이나 형제간의 사랑, 친구들과의 우정, 스승과 제자의 사랑, 불쌍한 사람에 대한 연민의 사랑, 서로 주고받는 이웃 간의 사랑 등은 모두 아름답고 강하다.

　마음이 아름답지 못한 사람은 다른 사람을 아름답게 볼 수 없기 때문이다. 마음이 강하지 않은 사람은 이기심을 이겨 내지 못해서 자신 외에 다른 사람을 사랑할 수 없기 때문이다. 마음이 부자가 아닌 사람은 사랑을 줄 수가 없기 때문이다.

세상의 빛깔

계절의 변화를 보면서 문득 사계절을 색깔로 표현하고 싶어졌다. 봄이 생명의 빛깔인 초록빛이라면 여름은 이글거리는 태양을 닮은 붉은 색깔이라고 할 수 있다. 그렇다면 가을은 어떤 색깔로 표현해야 좋을까. 단풍을 닮은 주황색이라고 할까, 황금빛 은행잎과 같은 노랑이라 할까. 가을에는 코스모스를 비롯해서 구절초, 산국, 용담에서 갈대에 이르기까지 여러 가지 색깔의 꽃이 핀다. 오색으로 수놓은 단풍, 붉게 익은 감, 지붕 위의 선홍빛 고추 등 빛깔의 화려함으로 비교한다면 가을을 당할 계절이 또 있을까. 얼핏 보면 새싹이 돋고 산야에 오만 가지 꽃들이 흐드러진 봄이나, 태양이 작열하는 여름의 빛깔이 화려한 것 같지만, 가을의 빛깔이야말로 폐경기 여인의 발악적인 화장과 옷차림처럼 사치스럽기까지 하다.

그런가 하면 그 화려함 속에는 아쉬움과 적막함이 숨겨져 있다. 하얗게 텅 빈 적막감. 그래서 동양철학에서는 가을을 백색으로 표현했는지도 모른다. 동양의 오행설에 근거하여 계절을 오방색으로 나타내면 동쪽은 봄으로 청색, 서는 가을로 백색, 남은 여름으로 적색, 겨울은 북으로 검정, 중앙은 황색이다.

가을을 백색으로 표현한 것은 철학적 의미가 있는 것도 같다. 가을은 이별, 외로움의 계절이라고 한다. 나무가 낙엽을 떨어뜨리고 앙상한 나목이 되어 찬 겨울을 맞을 준비를 하듯, 사람도 버릴 것은 버리고 모든 집착에서 벗어나 이승을 떠날 채비를 하라고 자연이 우리에게 가르치는 것 같다. 황금빛으로 출렁인 은행잎이 어느 날 아침, 와르르 돌담이 무너지듯 한꺼번에 옴씰하게, 한 줌의 미련도 없이 잎을 떨어뜨려 버리는, 처절하리만큼 결연한 버림이라니. 그 의연함이 존경스럽기까지 하다.

가을이 퇴락의 계절이라면 겨울은 소멸과 인내, 그리고 혹독한 기다림의 계절이다. 그래서 겨울의 빛깔이 검정일까. 겨울은 현(玄)의 색깔이다. 흰 눈이 내려서 세상을 하얗게 덮는 겨울을 왜 검은 색깔이라고 했을까. 현의 색깔이 갖고 있는 의미는 허무이며 끝없음, 즉 가뭇없음이다. 가뭇없음은 눈에 띄지 않고 간 곳을 알 수 없고 소식이나 흔적이 없다는 뜻이다. 천지현황(天地玄黃), 하늘은 검고 땅은 누르다고 했다. 현은 곧 하늘의 빛깔이다. 끝이 없는 하늘에서 내려다본 이 세상도 현의 빛깔이다. 우주 삼라만상의 총체적 빛깔은 결국 현의 빛깔인 것이다. 그래서 죽음과도 같이 추위에 얼어붙은 겨울은 검은 빛깔이다.

멀리서 보면 현의 빛깔인 이 세상은 가까이서 보면 수백, 수천, 수만 가지 색깔로 이루어졌다. 산과 강, 하늘과 땅, 사람과 식물, 진실과 거짓, 아름다움과 추함, 사랑과 증오, 삶과 죽음 등 각기 독특한 색깔을 가지고 있다. 결국 우리가 산다는 것은 세상의 색깔을 하나하나 벗겨 가는 일일지도 모른다. 그리고 잘 산다는 것은 이승에 머무는 동안 되도록 세상의 많은 색깔들을 골고루 찾아보는 것이 아니겠는가. 어제까지는 보이지 않았던 색깔이 오늘 갑자기 보일 때도 있다. 좋은 연극이나 영화를 감상하고 좋은 소설이나 시를 읽고 나서, 혹은 좋은 그림이나 좋은 음악을 듣고 나면 세상의 껍풀이 하나씩 벗겨지는 것을 느낄 수가 있다. 사랑에 빠지거나 실연을 당했을 때, 소중한 사람을 잃었을 때나 감당할 수 없는 고통을 겪었을 때도 숨겨진 색깔이 눈에 들어온다. 이 세상은 온통 색깔의 덩어리이다. 비로소 눈이 열릴 때〔開眼〕 세상의 색깔이 보인다.

2005년 한해의 마지막을 보내는 우리는 지금 흰빛과 검은빛의 사이에 있다. 세속적인 욕심으로 가득 찬 마음을 하얗게 비우고, 죽음과 같은 고통을 참으며, 사라져 간 시간들을 아쉬워할 때이다. 진정 그리운 것들은 등 뒤에 있다. 지금은 사라져 간 것들까지도 사랑하고 싶은 시간이다. 사라져 간 모든 것들은 아름다운 추억이 되기 때문에. 비록 우리를 울렸던 슬픈 기억들까지도 아름다운 과거가 되고 우리 인생을 장식하는 또 하나의 매듭이 되기 때문이다.

이제 지나간 어둠의 시간들은 과거의 무덤 속에 묻어 두고 희망의 새 출발을 기약하기 위해 마음을 가다듬을 때이다. 고통의 계절이 가면 생명의 계절이 오듯, 인생은 끝없는 순환의 사이클이 계속될 뿐이다. 이 엄숙하고 순결한 자연의 법칙 앞에 인간은 경건한 마음으로 시간의 흐름을 받아들여야 한다. 이것이야말로 자연스러운 삶인 것이다. 그래서 동양에서는 이상적 삶의 목표를 인간이 하늘과 자연과 더불어 하나가 되는 것이라고 했다.

지금은 나목처럼 벌거벗은 마음일지라도 기다릴 줄 아는 사람은 결코 불행하거나 슬프지 않다. 기다림 그 자체가 희망이기 때문이다.

사랑은 기도의 꽃

신앙인은 늘 기도와 함께 살아간다. 이 경우 기도는 공기와
도 같으며 언제나 삶의 중심축을 이룬다. 기도를 떠나서는 신앙
생활을 할 수가 없기 때문이다. 이에 반해, 신앙을 갖고 있지 않
은 사람은 일상생활에서 기도를 별로 중요하게 생각하지 않는
다. 기도는 절대자에 대한 의타심과 같다고 생각하기 때문이다.
그런 사람은 모든 일이 자신의 의지대로 진행된다고 믿는다. 다
만 극한 상황에 처해 인간의 한계를 깨닫는 순간에만 의탁하는
마음에서, 어쩔 수 없이 기도를 하는 경우가 있다. 이때 비로소

자신은 약자가 되어 마음속으로 절대자와 약속을 하게 된다. 그러나 일단 그 위기를 넘기게 되면 약속을 까맣게 잊고 다시 기도와 멀어지고 만다.

기도와 함께 사는 사람이라면 언제나 기도가 가져다준 평화로움과 신비로움을 체험하게 된다. 기도를 통해 여러 가지 색깔로 피어나는 자신의 감성을 통제하고 평정을 유지한다. 기도는 분노와 슬픔을 가라앉히는 힘을 가지고 있다. 비록 신앙인이 아니며, 절박한 상황 속에서 의탁하는 마음에서 비롯된 기도라 할지라도, 기도의 시간은 마음의 평화를 가져다준다.

기도는 신앙인이나 그렇지 않은 사람에게나 평화와 신비를 가져다준다. 그런 점에서 기도는 스스로에게 하는 자기 고백과도 같다. 기도하는 동안의 자기 성찰을 통해서 고통으로부터 벗어날 수가 있기 때문이다. 특히 종교인에게 기도는 믿음의 기본적인 마음가짐이다. 하느님을 믿는 사람에게 있어서 기도는 하느님과의 교통을 의미하며 진실한 대화 시간이다. 기도가 바로 하느님과의 유일한 통로인 셈이다. 이는 불교에 있어서는 참선과 같고 도교의 도 닦음, 유교의 수신(修身)과도 같은 것이다.

나는 지금까지 살아오면서 기도에도 여러 단계가 있다는 것을 스스로 깨달았다. 기도의 첫 단계는, 하느님께 무엇인가 간절히 바라는 마음이다. 일방적인 요구인 셈이다. 내가 대학생이었을 때 아버지가 큰 수술을 받고 오랫동안 병원에 입원해 계셨다. 그때 나는 아버지를 살려 달라고 기도했다. 아버지를 살려 달라고 하느님께 매달리면서, 그동안 내가 아버지에게 불효했던 일들을 반성했다. 그동안 아버지에게 많은 잘못을 했으니 하느님께서 아버지를 살려 주신다면 앞으로는 효도를 하면서 살겠다고 간절히 기도했다. '아버지를 살려 주신다면……' 이라는 조건부 기도인 셈이다. 물론 이때, 기도를 통해서 처음으로 불효를 반성할 수 있었다는 건 중요하게 생각하지만, 지금 돌이켜 보면 참 어리석은 기도였던 것 같다.

아버지의 병세는 좋아지지 않고 더 심해졌다. 그런데 이상한 것은 내 기도가 이루어지지 않은 것 때문에 하느님을 원망하고 싶지는 않았다. 오히려 자신을 더 깊게 통회(痛悔)하게 되었다. 통회의 눈물을 흘리면서 아버지에 대한 불효를 저질렀던 자신을 무섭게 탓하였다. 이때 나는 기도 중에 '하느님의 뜻대로 하소서' 라는 말이 저절로 튀어나오게 되었다. 살려 달라고 매달리는 것이 아니라, 아버지의 생사를 하느님의 뜻에 맡기겠다는 마음이었다. 그러고 나자 마음이 홀가분해졌다. '하느님의 뜻대로……' 가 기도의 두 번째 단계인 셈이다. 끝내 아버지는

세상을 뜨셨지만 나는 기도의 두 번째 단계를 스스로 터득하게
된 셈이었다. 기도의 세 번째 단계의 체험은 신문기자에서 실직
을 당했을 때였다. 1980년 5월 광주 항쟁 직후, 나는 반정부적
언론인이라는 이유로, 15년간 몸담아 왔던 신문사에서 해직이
되고 말았다. 가진 재산이 변변찮은 터에 직장을 잃은 내게는
당장 여섯 식구의 생계가 문제였다. 앞으로 살아갈 길이 막막하
기는 했으나 조금도 걱정이 되지 않았다. 나는 무등산 서석대에
올라가, '하느님, 제게 비로소 글을 쓸 수 있는 충분한 시간을
주셔서 감사합니다' 하고 기도를 드렸다. 그리고 오랫동안 직
장 때문에 억눌러 왔던 창작의 욕구를 마음껏 불살랐다. 그래도
쓰고 싶었던 글을 쓸 수 있어서 행복했다. 기쁨이 충만된 마음
으로 늘 하느님께 감사했다. 기도의 세 번째 단계는 바로 감사
하는 마음이라는 것을 깨달았다. 감사하는 마음으로 기도를 하
고 나면, 참기 어려운 고통도 큰 즐거움이 되었다. 고통은 내게
오히려 창작에 대한 열정으로 나를 달구었다.

그러나 세 번째 단계까지의 기도는 어디까지나 나를 위한
것임을 알게 되었다. 감사하는 마음 다음에는 내가 아닌, 다른
사람을 위한 기도라는 것을 알았다. 사랑은 이타적(利他的) 기도
로부터 시작된다는 것을 깨달은 것이다. 그러나 남을 위해 기도

한다는 것은 결코 쉬운 일이 아니다. 솔직하게 고백하건대, 지금까지 나는 내가 모르는 사람을 위해 기도해 본 일이 단 한 번도 없다. 그것은 아직 내가 신앙인으로서의 믿음이 충만하지 못하기 때문일 것이다. 그렇지만 오랜 신앙생활을 해 온 사람이라 할지라도 인간애와 인류애를 실천하는 것은 그만큼 어려운 일인 것이다.

온전하고 참된 신앙인이라면 네 번째 기도 즉, 내가 아닌 다른 사람을 위해 기도하는 경지에 이르러야 한다. 그러기에 나는 아직도 진실된 신앙인이라고 할 수가 없다. 그것은 내가 이기적인 삶에서 벗어나지 못하고 있다는 것과 같다. 내가 진정 이기적인 삶으로부터 자유로워지고 이타적인 삶을 살 수 있을 때, 비로소 나는 "하느님을 사랑한다"고 큰 소리로 말할 수 있을 것이다. 이 세상에서 가장 아름다운 꽃은 기도를 통해 활짝 핀 인간 사랑이라는 것을 나는 깨닫고 있다.

내 인생의 등불

궁벽진 산골 마을에서 태어난 나는 장래 무엇이 되겠다는 꿈조차 꿀 수가 없었다. 어른이 되면 누구나 농사꾼이 되는 것으로만 알고 있었다. 내 주위에는 모두 땅을 일구어 먹고사는 가난한 농사꾼들뿐이었으니까. 초등학교에 들어가기 전까지, 나는 한 번도 마을 밖으로 나가 본 일이 없었다. 소쿠리 속 같은 산골 마을에 갇혀서 하늘과 땅과 갈매 빛으로 출렁이는 무등산만 바라보고 자랐다. 초등학교 4학년 땐가 미역국 같은 회충약 한 사발을 먹기 위해 8킬로미터쯤 떨어진 면사무소까지 나가 보았던 것이 가장 먼 나들이였다. 그런 내게 자동차는 하늘을 나는 새처럼 보였다.

마침내 나는 무등산 너머 광주에서 중학교에 다닐 수 있었다. 그때까지만 해도 내가 살아가야 할 길은 깜깜할 뿐이었다. 아버지의 소원은 내가 면서기나 학교 선생님이 되는 것이었다. 암튼 나는 광주고등학교에 들어가서 문학을 동경하면서부터 내가 가야 할 길이 어렴풋하게 보이는 것 같았다. 그러나 그 길은 짙은 안개에 가린 듯 잘 보이지 않았다.

어느 날 나는 문예반 친구 이성부와 함께, 설레는 마음으로 김현승 선생님을 찾아가 뵈었다. 김현승 시인과의 만남을 통해서 나는 비로소 내 삶의 출구를 찾게 된 셈이었다. 우리들은 한 주일이 멀다 하고 양림동으로 김현승 선생님을 찾았다. 당시 조선대 교수였고 유명한 시인이셨던 김현승 선생님은 고등학생인 우리를 반갑게 맞아 주셨다. 어떤 때는 우리를 데리고 전남대 농대 숲길을 거닐기도 했고 교복 차림의 우리를 다방으로 데리고 들어가서 커피를 사 주시기도 했다. 초여름이었던 것 같다. 선생님은 마당 귀퉁이 포도 덩굴 밑 의자에 앉아서 영어로 쓰여진 아리스토텔레스의 《시학》을 읽고 계셨다.

"시는 우리 삶을 여러 가지 색깔로 물들여 주지."

그 말에 가슴이 뛰었다. 나도 저런 시인이 되어야지. 그 무렵 김현승 선생님은 나의 위대한 등불이었다. 선생님은 시를 쓰는 방법보다는 시인의 삶에 대한 이야기를 더 많이 해 주셨다. 시인은 물질의 탑을 쌓기보다는 소박하면서도 아름다운 정신의 탑을 쌓아야 한다고 가르치셨다.

그러나 대학을 졸업한 후 신문기자가 되고 소설 나부랭이를 쓰기 시작하면서부터 나는 자신도 모르게 헛바람이 들어 차츰 자만에 빠지기 시작했다. 교만은 나를 나태하게 만들었고 세속적인 삶에 길들여지게 하였다. 이래서는 안 되겠다 싶었지만 교만으로부터 빠져나오기는 쉽지 않았다.

그러던 어느 초여름 날이었다. 말도 없이 외출을 하신 어머니께서 밤이 되도록 돌아오지 않았다. 도시 지리도 잘 모르는 어머니가 어둡도록 돌아오시지 않자 걱정이 된 나는 대문 앞에 나가 있었다. 밤이 깊어서야 어머니는 머리에 큰 포대를 이고 돌아오셨다. 포대를 받아 든 나는 그 속에 보리 이삭이 가득 들어 있는 것을 보고 적이 놀랐다.

"들에 나가 봤등만 보리 이삭이 널려 있드라. 농사꾼이 곡식 귀헌 줄 모르면 천벌을 받는 벱인디……."

어머니는 온종일 보리 걷이가 끝난 들을 돌아다니며 보리

이삭을 주워 오신 것이었다.

　다음 날 어머니는 온종일 이층 옥상에서 다듬이 방망이로 보리 알갱이를 털어 냈고 그것을 볶아 미숫가루를 만들었다. 나는 어머니가 이삭을 주어다 만들어 주신 미숫가루를 마시면서 문득 어렸을 때 콩 타작하던 날을 떠올렸다. 콩 타작을 하던 날 어머니는 대꼬챙이와 종지를 들고 마당을 돌아다니며 여기저기 패인 곳에 박힌 콩알 하나까지도 파내시곤 했다. 나는 곡식 한 알이라도 소중하게 생각하는 어머니의 그 소박함과 겸허함을 뒤늦게야 깨닫게 되었다.

　사람은 누구나 쉽게 교만해지기 마련이다. 내가 사치와 교만이라는 암흑의 바다에서 앞가림을 못하고 있을 때 어머니는 늘 소박하고 겸허한 삶을 내게 보여 주셨다. 그리고 그 같은 어머니의 삶은 나의 등불이 되었다. 구순의 어머니께서는 지금도 아파트 경로당의 손바닥만 한 땅을 놀리지 않고 고추며 가지, 호박을 심어 가꾸신다. 어쩌면 어머니의 겸허한 삶은 땅에 대한 애착에서 비롯된 것인지도 모르겠다. 어머니의 땅에 대한 사랑과 소박한 삶이야말로 가장 빛나고 아름다운 나의 등불이다.

가정은 '사랑의 숲'

신록의 푸르름이 바다처럼 출렁이는 5월. 핥아 주고 싶도록 순결한 녹색의 산을 보면서, 가정은 향기로운 숲과 같다는 생각이 든다. 산에는 키가 큰 나무와 키 작은 나무, 곧은 나무와 굽은 나무, 꽃이 피는 나무와 꽃이 피지 않는 나무들이 서로 한데 어우러져 아름다운 숲을 이루고 있다. 이들 여러 종류의 나무들은 봄이 되면서 한껏 푸르름을 뽐내고 쇠락의 가을이 되면 겸허하게 낙엽을 떨어뜨리고 모진 설한풍에 몸살 나도록 흔들리며 겨울을 함께 보내고 다시 찬란한 생명의 봄을 기다린다. 인간

세상 역시 잘난 사람, 못난 사람, 건강한 사람, 병든 사람이 끈끈한 사랑으로 모여 서로 부대끼고 의지하며 살아가는 가족을 이루어 공동의 행복을 꿈꾸지 않는가.

그런데 요즘 소중하게 가꾸어야 할 가정이 무너지는 것을 많이 본다. 산업사회가 되면서 대가족이 무너지고 핵가족이 등장하더니, 디지털 시대에 와서는 이혼율의 급증과 함께 그나마도 해체 위기에 있다고 한다. 특히 IMF 이후 경제난 때문에 많은 어머니들이 모성 본능을 버리고 가출하는가 하면 일자리를 잃은 아버지들은 무능력한 패배자로 전락하고 버림받은 아이들이 거리를 방황하고 있다. 우리 가정이 흔들리고 있는 경우는 여기저기서 나타난다. 컴퓨터 게임에 중독되어 사랑이 마비된 중학생이 게임하듯 동생을 죽이고도 자신의 잘못을 뉘우치지 못하는가 하면, 원조 교제라는 이름으로 미성년의 매춘이 성행하고 있다.

가정이란 무엇인가. 이 세상에서 가장 가까운 사람들이 한데 모여서 한솥밥을 먹으며 서로 믿고 의지하고 살아가는 '작은 공동체의 꽃'이 아닌가. 가정은 사랑을 배우고 실천하는 작은 사회와 같다. 따라서 가정에는 나름대로 질서와 전통과 문화가 있다. 옛 어른들은 이것을 가도(家道)라고 했다. 그러나 핵가족이 되고 어른이 없어지면서부터 '가도'를 말해 주는 사람이 없다. 이제 아이들은 케케묵은 할아버지, 할머니의 호랑이 담배 먹던 옛날이야기를 더 이상 믿지 않으며, 냄새나는 할아버지, 할머니보다는 게임 버전이 풍부한 컴퓨터를 더 좋아한다. 그런가 하면 부모들은 자기 자식이 사람이 되건 말건 공부만 잘해서 좋은 대학에 들어가면 최고라고 생각한다.

우리는 가정의 달을 맞아 내가 우리 가정의 행복을 위해 무엇을 했는가, 돌이켜 보아야 한다. 자식에 대한 부모의 기대와 요구가 아집과 욕심으로 변질된 것은 아닌가. 과연 부모들은 단한 번이라도 자식들의 인격을 존중하고 그들의 편에 서서 이해하고 감싸 안아 준 적이 있었던가. 경쟁 사회에서 살아남기 위해 이 시대의 부모들은 가정의 평화보다는 오로지 '물질의 탑'만을 쌓기 위해 갖가지 속임수를 쓰며 허둥대지는 않았던가. 어른들은 자식들에게 '효'를 일방적으로 강요해 온 것은 아니었던가.

진정 우리가 꿈꾸는 행복은 어디에 있는가. 흔히들 가정을 '지상의 작은 천국'에 비유한다. 가정은 행복의 최소 단위이자 최대 단위이기 때문이다. 그 때문에 가정 안에서 행복을 찾지 못하면 이 세상 어디에서도 진정한 행복을 찾을 수 없다고 한다.

5월의 숲처럼 아름답고 평화로운 가정이 되기 위해서는 어머니의 모성 본능과 아버지의 권위가 되살아나야 한다. 그렇다고 맹목적인 어머니 사랑과 가부장적인 절대 권위주의 시대로 되돌아가자는 것은 아니다. 가도와 가정의 질서를 회복하자는 것이다. 지금은 다양성과 개인이 존중되는 개방된 세상이다. 그렇지만 디지털 시대가 가져온 개인주의에 대한 반작용으로 공동체 운동이 다시 일어날 것이라고 한다. 디지털 시대의 가정은 인간과 인간의 새로운 유대감과 신뢰를 바탕으로 공동의 행복을 찾아야 하기 때문이다. 그런 의미에서 디지털 시대 가족의 개념은 '동료 가족(Colleague family)'으로 달라져야 한다. 이제 가족은 서로 희생을 강요하거나 권위주의를 내세워서는 안 되며 동등한 인격체로서 머나먼 인생행로의 따뜻한 동반자가 되어야 한다. 미지의 먼 길을 혼자 떠나는 것보다는 가족이 서로 의지하고 함께 갈 때가 덜 외롭고 행복하지 않겠는가.

나무들이 모여서 푸른 숲을 이루고 저마다 상큼한 향기를 뿜어내고 있듯이 가족이 모여서 이룬 작은 공동체에서도 따뜻하고 아름다운 사람의 냄새가 물씬 풍겨 나도록 하자. 가정은 향기롭고 푸른 사랑의 숲이 되어야 한다.

목화다래가 먹고 싶은 이유

척추 종양 수술을 받고 나서 물도 마시지 못하고 누워 있을 때 뜬금없이 다래가 먹고 싶었다. 배고팠던 유년 시절 목화밭에서 어른들 몰래 따 먹었던 다래가 왜 갑자기 먹고 싶었던 것일까. 어쩌면 그것은 내가 지금까지 살아오는 동안 가장 배고팠던 시절의 기억이 잠재의식 속에 뚜렷하게 살아 있었기 때문인지도 몰랐다.

열한 살 때 6·25를 만난 나는 누구보다 배고픔의 서러움을 겪어야만 했다. 궁핍의 그 시절, 배가 고팠던 아이들에게 다래는 가장 맛있는 간식거리였다. 가을걷이 전, 산에는 오디, 꾸지뽕 열매, 머루, 으름, 산 다래, 딸기 등이 익고 있었지만 아이들로서는 산에 오르는 일이 쉽지가 않아, 목화밭으로 숨어들곤 했다. 목화밭에서는 실컷 다래를 따 먹을 수 있었고 운이 좋으면 밭고랑에 저절로 열린 주먹만 한 개똥참외도 발견할 수 있어서 좋았다.

우리 마을에서는 집집마다 목화를 재배했다. 초가을이면 밭에 후북하게 눈이 쌓인 것처럼 목화가 하얗게 피어 온통 순백의 세상을 이루었다. 목화는 단풍이 들 무렵 백색이나 담황색 혹은 홍색으로 피지만 우리 마을에서 재배한 것은 모두가 흰 꽃을 피웠다. 목화는 두 번 꽃을 피우는 것과 같다. 흰 꽃이 지면 다래가 열리고 열매가 익으면 스스로 찢어지고 벌어지며, 다시 흰 목화송이가 꽃처럼 피어나기 때문이다.

먹을 수 있는 목화다래는 꽃이 지고 나서 갓 맺은 어린 열매다. 그 맛은 과육이 부드럽고 수분이 많으며 달콤하고 상큼하다. 너무 익은 다래는 수분이 없고 섬유질로 가득 차 솜을 씹는 것 같다. 특별히 주전부리할 것이 없는 터라 아이들은 즐겨 덜 익은 목화다래를 따 먹곤 했다. 다래를 여남은 개 따 먹고 나서 샘물을 퍼마시면 한바탕 뛰어놀 수 있을 만큼 제법 요기가 되었다. 아이들이 극성스럽게 다래를 따 먹는 바람에 목화 농사를 걱정한 어른들은 "다래를 따 먹으면 문둥이가 된다"면서 한사코 말렸다.

나는 어느 날 학교에 갔다 도시락도 못 먹고 허기져서 늦게 돌아오다가 비석거리 참봉네 목화밭에 들어가 실컷 다래를 따 먹었다. 그리고 그날 밤 어른들 말처럼 정말 내가 문둥이가 되면 어쩌나 하고 잠을 못 이룬 채 콩닥거리는 가슴 부여안고 끙끙댔던 일이 있다.

병원에서 퇴원을 하고 나서도 다래가 먹고 싶은 생각은 좀처럼 사라지지 않았다. 케이크며 아이스크림 등 아무리 맛있는 것을 다 먹어 봐도 자꾸만 꿈틀거리는 기억 속의 그 상큼한 다래 맛은 가라앉지 않았다. 참다못한 나는 전남농업기술원에 전화를 걸어 어디 가면 목화를 구경할 수 있느냐고 물었다. 목화를 재배하는 농가는 없고 무안(務安) 청계에 있는 면화 시험장에 가면 꽃을 구경할 수 있을 것이라고 했다. 나는 올가을에는 시험장이라도 찾아가서 순백의 목화 꽃도 보고 다래 맛도 다시 느껴 보고 싶다. 이상하게 나이가 들면서부터는 굶주렸던 시절에 먹었던 입맛이 되살아나면서 그것들이 다시 먹고 싶어진다. 찔레도 꺾어 먹고 싶고 송기도 벗겨 먹고 싶다.

핸들만 잡으면 고향으로 달리고 싶다

올해로 내가 운전을 시작한 지 15년째가 된다. 그동안 넉 대의 차를 바꿨으니 4년마다 새 차를 산 셈이다. 넉넉지 않은 월급쟁이 간에 차 사치를 한 것 같아 조금은 부끄럽다. 4년 동안 애면글면 원고료를 모아서 차를 사곤 했던 나를 아내는 노골적으로 비난하며 매우 마뜩찮아 한다.

운전면허를 따고 처음 산 차는 1.5 흰색 엑셀이었다. 우리 애들은 아버지 나이에 어울리게 중형차를 사라고 했다. 당시 나는 모 지방 신문사 편집국장직을 맡고 있었는데, 기자들까지도 액셀은 품위에 걸맞지 않는다면서 소나타를 권유했다. 그러나 나는 액셀의 꽁무니가 마치 살진 망아지 엉덩이처럼 푸짐하고 둥그스름한 게 쓰다듬어 주고 싶을 정도로 마음에 들었다. 실은 액셀도 나한테는 너무 커 보였다. 초보인 나로서는 중형차를 운전하기가 버거울 것 같아 흔쾌하게 액셀을 샀던 것이다.

처음 새 차를 산 사람들은 같은 심정이었겠지만 나의 차에 대한 사랑은 좀 유별났던 것 같다. 마치 자식 하나를 거두어들인 것마냥 오달졌다. 아침저녁, 하루에 두 번씩 먼지를 닦고 흰빛이 툭툭 튀도록 말끔하게 세차를 해야만 직성이 풀렸다. 아파트에서 빤히 내려다볼 수 있는 곳에 주차를 해 놓고는 밥을 먹다가도 밖에서 클랙슨 소리만 울려도 후다닥 창문을 열고 내려다보곤 했다. 잠들기 전에는 꼭 주차장으로 내려가서 쓰다듬어 주고 왔다. 그래야만 마음 놓고 잠을 잘 수가 있었다. 일주일도 안 되어 예쁜 엉덩이에 머리카락 정도의 흠집이 생겼을 때는 내 몸에 상처라도 난 것처럼 호들갑을 떨며 흠집 지우는 약을 사다 바르는 등 법석을 떨었다. 그때 나는 차를 금속성의 기계 덩어리로만 보지 않고 감정을 가진 생명체로 생각했다. 생명체로 인정하자 대화가 가능했다. 엔진 키를 돌리기 전에는 반드시 무사 주행을 당부했고 도착지에 주차한 다음에는 꼭 고마움을 표시

했다.

새 차로 운전을 한 지 이 주일쯤 지나자 나는 몸살이 나고 말았다. 목과 어깨며 팔에 얼마나 힘을 주었는지 상반신이 단단하게 굳어져 버린 것처럼 온몸이 쑤시고 아팠다. 조수석에 앉았던 아내 역시 오른쪽 다리가 아프고 소화가 잘 되지 않는다고 했다. 내가 브레이크를 밟을 때마다 옆자리에 앉은 아내도 브레이크 페달을 밟은 것처럼 힘을 써 가며 오른발을 뻗곤 했기 때문에 장딴지와 허벅지가 몹시 아프다고 했다.

새 차를 타고 처음 도시를 떠나 멀리 가 본 곳은 내 고향이었다. 나는 오래전부터 자동차를 사서 직접 운전을 하고 고향에 가 보는 것이 소원이었다. 내 고향은 무등산 너머, 광주에서 25킬로미터 남짓 되는, 담양군과 화순군의 경계 지점에 있다. 내가 사는 곳에서 그다지 멀지 않은 곳이지만, 가까운 친척이 살지도 않는 고향에 자주 가기란 쉽지가 않았다. 더구나 구차하게 버스를 타고 가고 싶지는 않았다.

드디어 나는 아내를 옆 자리에 태우고 뛰뛰빵빵 클랙슨 울려 가며 다사로운 봄 햇살 가르고 신나게 고향을 향해 달렸다. 시속 60킬로미터로 달렸지만 고향까지는 40분도 채 안 걸렸다. 옛날 광주에서 중학교를 다니던 때까지만 해도, 교통수단이 없어서 일주일 동안 끓여 먹을 식량이며 반찬을 등에 메고 낑낑대며 산길로 꼬박 여섯 시간 이상을 걸었던 그 길을 단숨에 달려간 것이다. 마을로 진입한 나는 늙은 느티나무 밑에 주차를 하고 만세를 부르듯 두 팔을 머리 위로 추켜올리며 환호와 함께 기지개를 켰다. 나를 반겨 주는 이 아무도 없는 고향이었지만 날개라도 돋친 듯 상큼한 기분이었다.

나는 액셀 이후, 소나타를 타다가 얼마 전에 사륜 구동으로 바꿨다. 아무리 좋은 차로 바꿔도 액셀을 처음 구입했을 때의 그 짜릿했던 감동은 다시 느낄 수가 없었다. 자동차를 하나의 생명체로 생각했던 마음도 희박해지고 말았다. 자동차를 단순한 기계 덩어리가 아닌 숨 쉬는 생명체로 받아들일 때 사고를 예방할 수 있다는 것을 알고는 있지만, 그냥 문명의 이기로만 여기고 있는 것이다. 그러나 지금도 나는 자동차에 오를 때마다 고향을 향해 달리고 싶어지는 것은 무슨 연유일까.

열 달 동안 걸어온 노인

누군가에 대한 존경심을 갖고 산다는 것은 아름답고 행복한 일이다. 존경한다는 것은 어쩌면 사랑하는 것보다 더 어렵기 때문인지도 모른다. 우리는 평생 존경하는 사람을 갖지 못한 채 살아가는 경우가 많다. 사랑의 대상은 얼마든지 많을 수 있지만 존경의 대상을 만나기란 참으로 어렵기 때문이다.

나는 몇 년 전 여섯 달 동안 인도를 여행한 적이 있었다. 그때 만난 한 노인을 통해 존경심의 위대함을 깨달을 수 있었다. 봄베이에서 북쪽으로 500킬로미터쯤 떨어진 구자라트 주의 도시 아마다바드의 간디 아슈람(기도원)에 들렀을 때였다. 간디의 고향이며 간디즘의 정신이 다져진 그곳에는 간디 기념관을 비롯 도서관, 박물관 등이 세워져, 간디에 관계된 모든 자료와 도서가 보관되어 있었다. 그곳과 뉴델리에 있는 간디 묘소는 성지와도 같아 수많은 인도 사람들이 간디를 기리며 찾아들고 있었다.

기도원의 기념관 건물 앞 늙은 키니나무 밑에 씨름판처럼 판판하게 모래가 깔려 있었다. '기도소'라는 나무 팻말이 붙어 있는 그곳에서는 하루 두 차례 간디 숭배자들이 간디를 생각하며 명상을 한다고 했다. 나는 뙤약볕이 이글거리는 모래밭 위에 도티(인도 남자들이 천을 아랫도리에 감아서 입는 것) 차림에 짙은 갈색의 앙상한 상반신을 드러낸 채 웃통을 훌랑 벗은 노인이 명상의 깊은 바다에 빠져 있는 것을 보았다. 끝없이 길고 긴 명상이 끝나기를 기다렸다가 간디를 존경하는 이유를 물었다.

"그분은 우리에게 올바른 삶의 길을 가르쳐 주었습니다."

68세의 샤무나드 씨는 간디를 너무도 존경한 나머지, 그곳에서 멀리 떨어진 파트나에서 열 달 동안 걸어서 왔노라고 행복한 미소를 지어 보이며 말했다. 그러면서 그는 고향으로 다시 돌아가지 않고 뉴델리에 있는 간디 묘소를 참배한 후, 야무나 강으로 가서 죽을 때를 기다리겠다고 했다.

"죽어서 야무나 강에 뿌려져 물고기 밥이 되면 마하트마 간디를 다시 만날 수 있겠지요."

그는 다음 날 그의 고향 가는 길만큼이나 먼 길을 다시 걸어서 뉴델리로 갈 것이라고 했다. 내 차로 다음 목적지인 우다이푸르까지 태워 주겠다고 했는데도 그는 끝내 걸어가겠다며 사양했다. 옛날 간디가 비폭력을 부르짖으며 맨발로 끝없는 고통의 모래밭을 걸었던 것처럼, 자신도 먼 길을 걸으면서 가슴 깊이 간디를 생각하겠다는 것이다.

샤무나드 씨와 헤어진 나는 열 달 동안 맨발로 걸어서 찾아갈 정도로 존경할 만한 사람을 갖고 있는 그가 너무 부러웠다. 그에 비해 내 삶은 얼마나 황폐하고 초라한가 싶어 부끄러웠다.

똥개 복실이의 죽음

인면수심(人面獸心)이라는 말이 있다. 사람의 얼굴에 짐승의 마음을 갖고 있는, 사람답지 못한 사람을 빗대어 하는 말이다. 그러나 요즘에는 짐승보다 못한 사람들이 너무나 많다. 내가 아는 복실이라는 개는 죽으면서까지 인간보다 더 값진 양심을 지켰다.

시골에서 혼자 사시는 장모님은 오래전부터 복실이를 길러 왔다. 복실이는 혈통을 따질 정도로 이름 있는 개가 아니다. 잘 짖지도 않고 체구도 왜소한, 흔한 잡종 암캐이다. 복스럽거나 귀여워 보이지도 않았으나 털이 많아 복실이라고 했을 뿐이다. 복실이는 장모님이 강아지 때부터 기른 노랑네의 손녀인 셈이다. 그런 개를 장모님은 애지중지 사랑하셨다. 사흘이 멀다 하고 목욕을 시켜 참빗으로 정갈하게 털을 골라 빗어 주고 머리에 접시꽃 모양의 진홍색 리본까지 매달았다. 마을의 같은 또래 할머니들은 복실이 몸단장에 각별하게 마음을 쓰는 장모님을 보고 꼭 젊었을 적 외동딸 꾸미듯 한다고 놀려 댔다. 장모님이 젊었던 시절 지금의 내 아내가 된 딸을 밖에 내보낼 때는 발끝에서 머리까지 정갈하게 몸단장을 시켰었다고 한다.

장모님은 원래 개를 좋아하지 않으셨단다. 남편을 잃고 자식들마저 모두 짝을 맞아 떨어져 나가고, 시골에 혼자 남아 살면서부터 개를 기르기 시작했단다. 워낙 무섬증이 많아 젊었을 때도 문고리를 안으로 걸고 숟가락을 꽂은 다음에야 잠을 청했다는 장모님은 개에게라도 푸접을 삼아 의지하며 살고 싶었을 것이었다.

장모님의 복실이에 대한 사랑은 엄격하면서도 지극했다. 그런 장모님을 보고 집사람은 꼭 옛날 자식들 가르치듯 한다고 했다. 장모님은 자식들에게 하듯 복실이한테 흠뻑 정을 쏟으면서도 행동과 절제에 엄격했다. 아무 데서나 볼일을 못 보게 했고 절대로 방에 들어오거나 마루 위에 올라오지 못하게 했다. 그런데도 복실이는 잠시도 장모님 곁을 떠나지 않으려고 했다. 화장실을 가거나 마을 갈 때도 늘 꼬리를 치고 쫄랑거리며 뒤따르곤 했다.

장모님이 광주에 사는 둘째 아들네 나들이를 하게 되었다. 잠시도 떨어지려고 하지 않는 복실이를 혼자 남겨 두고 집을 비우자니 걱정이 되었다.

"복실아, 냉큼 댕겨올 텐께 배고프면 함지에 있는 사료 묵고 잘 있그라와."

장모님은 복실이에게 사료를 담아 주던 양은 보시기를 채워 놓았다. 복실이는 평소에 장모님이 마을 나가실 때 양은 보시기에 사료를 담아 놓으면 적당히 알아서 먹었다. 결코 한 번에 배터지게 다 먹어 치우는 일이 없었다. 장모님은 보시기 옆 큰 함지에도 열흘쯤 먹을 분량의 사료를 따로 가득 넣어 두었다. 사료 보시기 옆에 물도 한 양푼 떠 놓는 것을 잊지 않았다. 장모님은 끙끙거리며 한사코 따라 나오려는 복실이를 매정하게 마당 안으로 밀어 넣고 대문을 잠갔다. 버스 정류장으로 나오면서도 장모님은 복실이가 자꾸 눈에 밟혀 발걸음이 무거웠다.

작은아들 집에 와서 겨우 이틀을 보낸 장모님은 복실이 걱정 때문에 시골로 돌아가야겠다고 성화였다. 아들이 한사코 붙잡는 것을 뿌리치고 장모님은 일주일 만에 시골로 돌아왔다. 그런데 어찌 된 일인가. 복실이가 죽어 있었다. 복실이는 부엌 쪽 안방 문에 코를 바짝 대고 죽어 있었던 것이다. 죽을 때까지도 복실이는 마루에 올라오지 않은 것이다. 얼마나 주인이 그리웠으면 부엌 쪽에서 안방에 코를 대고 죽었을까. 사료 보시기는 깨끗하게 비워져 있었으나 함지 안의 사료는 그대로였다.

"아이고 이 미련헌 것. 보시기에 사료가 떨어지면 함지 안의 사료를 처묵을 일이제, 왜 묵을 것을 옆에 두고도 안 처묵고 뒈져. 아이고 미련헌 즘생."

복실이는 배가 고파 죽은 것이었다. 하루 분량인 보시기의 사료만을 먹고 옆에 놓아둔 함지 안의 사료는 입에 대지도 않은 채 죽었다. 정말 복실이는 미련한 것일까. 주인이 준 것만을 먹고 자라 온 복실이는 함지에 가득 들어 있는 사료는 주인의 허락이 없는 것으로 알고 입을 대지 않은 것이다. 굶어 죽을지언정 주인이 주지 않은 것은 결코 먹어서는 안 된다고 생각했을 복실이를 미련한 짐승이라고 탓할 수만은 없는 일이다.

나는 복실이의 죽음을 통해서 많은 것을 느꼈다. 복실이는 어쩌면 자신의 죽음으로, 철저하게 황폐한 비양심의 인간을 가르치고 있는 것인지도 모른다. 이 세상에는 복실이만도 못한 인간들이 얼마나 많은가. 먹어서는 안 된다는 것을 알면서도 배가 터지게 처먹고는 "나는 절대 먹지 않았다"면서 오리발을 내미는 사람들. 그들이 복실이보다 나은 것이 무엇인가. 왜 인간은 많이 배우고 지위가 높이 올라갈수록, 옳고 그름을 판단하는 분별력이 개만도 못해지기를 스스로 원하는지 모르겠다.

인간적인 세상을 꿈꾸며

1980년 5월의 마지막 날, 아내가 성당에 나가고 싶다는 말을 했을 때 나는 다소 놀랐다.

"뜬금없이 성당엔 왜?"

"왠지 불안해서요. 쌀독에 쌀 한 톨 없이 전쟁을 맞는 기분이랄까, 암튼 괜히 불안해요."

5·18을 겪은 당시 광주 사람들은 누구나 아내와 같은 심정이었다. 깊은 절망감과 함께 쫓기는 듯한 불안감 때문에 무력증에 빠져 있었다. 앞으로의 삶도 내일에 대한 희망도 보이지

않았다. 광주 사람들은 누구나 불확실한 절망의 시대에, 뭔가 믿고 의지할 대상을 찾고 싶었는지도 모른다.

아내는 그 후 성당에 나가며 3개월 동안 교리 공부를 했다. 그 무렵 나는 15년 동안 몸담아 왔던 신문사에서 해직이 되고 말았다. 비판적인 문제 기자라고 해서 군사정권으로부터 찍혔기 때문이었다. 나는 차라리 홀가분한 기분이었다. 해직이 되던 날, 나는 무등산에 올라가 마음속으로 '나를 자유롭게 해 주셔서 감사합니다. 글을 쓸 수 있는 시간을 갖게 해 주셔서 감사합니다' 하고 기도했다. 기도의 대상이 누구인지는 중요하지 않았다.

아내는 교리 과정을 끝내고도 영세를 받지 않았다. 아직 믿음에 자신이 없다는 것이었다. 그러던 어느 날, '동아일보' 광주 주재 기자를 하고 있던 신광연 씨 부부가 우리 집에 왔다. 나는 학창 시절부터 신석정 선생의 시를 무척 좋아했던 터라, 그의 아들인 신광연 씨에게 남다른 정을 느끼고 있었다. 신광연 씨 역시 해직이 되어 쉬고 있었다.

"문 형, 성당에 나오시오. 우리는 아직 젊으니까, 다시 일할 때가 올 거요. 미래를 보기 위해, 마음의 눈을 뜰 수 있도록 차분하게 준비합시다."

솔직히 신광연 씨의 그 말이 나에게는 좀 생뚱맞게 들렸다. 그는 오래전부터 성당에 나가고 있었다. 그는 내게 집요하게 하느님의 세계를 권유했다. 그러나 나는 하느님의 세상에 대해 별로 관심이 없었다.

그 무렵, 문정현 신부님을 만났다. 김지하 시인에 대해 이런저런 이야기를 하다가 나는 대뜸 부활의 의미가 뭐냐고 물었다. 문 신부님은 "부활은 곧 밥이죠" 라고 말했다. '부활은 밥'이라는 말은 그 후 오래도록 내 삶을 지배해 오고 있었다. 그 때문이었을까. 나는 하느님은 현실의 한가운데 있어야 한다고 생각해 왔다.

암튼, 나는 신광연 씨의 권유를 받아 광주 농성동 성당에 나가 영세를 받기 위해 교리 공부를 시작했다.

"사실은 당신과 함께 영세를 받으려고 교리 공부를 끝내 놓고도 여태 영세를 받지 않고 기다리고 있었어요."

아내는 그러면서 나와 함께 교리 공부를 다시 시작했다. 아내는 내가 스스로 성당을 찾아오기를 기다렸다는 것이었다. 이렇게 해서 나와 아내, 그리고 두 아이들이 함께 교리 공부를 하게 되었다. 교리 공부를 하는 동안 이리아 수녀님을 통해서, 참으로 인간적인, 너무도 인간적인 하느님의 세계를 비로소 이해할 수 있었다. 교리문답 시간에 약간 술이 취해서, 신부님의 질문에 횡설수설하기는 했어도 그해 10월에 나는 프란치스코라는 세례명으로, 하느님의 세상에 다시 태어날 수가 있었다. 부부와 아들딸, 네 식구가 함께 영세를 받은 우리 가족은 성가족이 되었다.

팔이 아프도록 닥치는 대로 원고를 써서 바둥대며 살았지만, 하느님에 대해 감사하는 마음으로 충만했다. 순천대 교수자리를 얻기까지 5년 동안, 우리는 행복했다. 《타오르는 강》을 비롯하여 작품도 여러 편 발표했고 풍족하지는 않았지만 원고료를 받아 생활을 할 수 있었다. 무엇보다 중요한 것은 어려운 현실 속에서도 흔들림 없이 작가로서의 삶을 올곧게 지킬 수 있었던 것은 오로지 하느님께서 내게 심어 준 큰 힘 때문이 아니었는가 생각한다. 그 같은 행운이 하느님의 은총이라는 것을 알았다.

천주교인이 된 후, 내 소설에도 적지 않은 영향을 주었다. 의도하지는 않았지만 은연중에 내 작품 속에 '화해'와 '용서'라는 관념이 배어 들기 시작한 것이었다. 문학은 '역사의 칼'이어야 한다는 극단적인 입장에서 후퇴하여 화해와 용서의 메시지 역할을 할 수 있다는 생각으로 바뀐 것이다. 나는 평론가들이 내 졸작 〈철쭉제〉를 평하면서 화해와 용서를 말하는 것을 보고 놀랐다. 〈철쭉제〉는 6·25 때 좌우익 사이에 서로 죽고 죽이는 갈등을 겪고 오랜 세월이 흐른 뒤, 증오와 불신의 뿌리를 확인하고 나서 용서와 화해를 통해 동질성을 회복한다는 내용의 중편소설이다.

용서와 화해는 한동안 내 소설의 중심 화두가 되었다. 이에 대해 나는 '문학에서 과연 화해가 있을 수 있는가'라고 스스로에게 질문을 하게 되었다. 용서와 화해는 종교나 정치적 관념이 아닌가 싶었다. 더욱이 어느 정도 글 쓰는 자유가 주어진 1990년대 초, 정공법으로 5·18 광주 항쟁을 소설로 다루면서부터, 작가가 작품을 통해서 용서나 화해를 외쳐 댈 필요가 없다는 것을 알았다. 용서와 화해는 독자들의 몫이라고 생각했다. 그 무렵 광주에서는 용서와 화해를 말하는 세력들에게 "아무도 5·18에 대한 죄악을 고백하지도 않는데, 누구를 용서하란 말이냐"는 비판적 정서가 팽배해 있었다.

나는 5·18 때 기자의 신분으로 광주의 한가운데에 있었다. 숨겨 둔 취재 노트를 다시 꺼내, 5·18의 실체적 진실을 드러낼 목적으로, 장편소설 《그들의 새벽》을 썼다. 그동안 내 의식은 1980년 5월로 되돌아갔다. 냉정해지고 싶었다. 작품을 쓰는 동안은 용서와 화해를 생각하지 않기로 했다. 그 때문에 성당에도 나가지 않았다.

지금 나는 다시 용서와 화해를 생각하고 있다. 지금은 대립과 갈등의 시대가 아니라는 것을 알기 때문이다. 더욱이 이라크 전쟁을 보면서, 지금이야말로 사랑과 용서로 고통받는 사람들을 힘껏 끌어안아야 한다는 것을 깨달았다. 사랑과 용서는 어떤 무기보다 강한 힘을 갖고 있기 때문이다. 이제 나는 다시, 하느님의 세상이 참으로 인간적인 세상이 되는 것을 꿈꾸고 싶다.

쌀밥 한 그릇의 우정

초등학교 5학년 때 6·25를 만난 나는 가족들과 함께 빈 몸으로 고향을 떠나게 되었다. 고향을 떠난 나는 학교도 다니지 못하고 일 년 남짓 알거지가 되어 광주 주변을 떠돌음 하다가 가족들과 함께 신안군 비금이라는 섬으로 흘러들어 가게 되었다. 이곳에서, 6·25 전까지만 해도 한량 놀음으로 부족함 없이 잘 살았던 아버지는 염전 잡역부 일을 하셨고 어머니는 도붓장수를 하여 우리 식구가 그나마 목줄 지탱하고 살아갈 수 있었다. 이 섬에 우리 가족이 작은 방 하나를 얻어 겨우 안주하게 되자 나는 비금중앙국민학교 5학년에 편입할 수 있었다. 여기서 황원섭이라는 친구를 만났다. 원섭이는 섬 안에서 손꼽힐 정도의 부잣집 아들로 공부를 잘했다.

　가난한 뜨내기에다 성격마저 내성적인 나는 쉽게 친구를 사귀지 못해 늘 혼자였다. 학교에서도 외톨이였고 수업이 끝나고 집에 와서도 마을 아이들과 어울리지 못하고 원평리 바닷가 모래사장을 혼자 배회하기 일쑤였다. 가을 소풍날이었다. 나는 쌀이 없어 밥 대신에 보리죽을 밥그릇에 싸 가지고 갔다. 보리죽은 뜨거울 때는 멀겋던 것이 식게 되면 마치 묵처럼 흐물흐물해져서 밥그릇에 뚜껑을 덮어 도시락 대신 싸 가지고 갈 수가 있다. 소풍날 밥그릇에 보리죽을 싸 가지고 간 나는 너무 창피해서 혼자 바위 아래 숨어서 무장아찌 반찬으로 점심을 먹고 있었다. 이때 나를 발견한 원섭이가 밥그릇을 낚아채 보리죽을 쏟아버리더니 친구들한테 돌아다니며 빈 밥그릇에 쌀밥을 가득 채워 가지고 왔다. 나는 흰 쌀밥을 먹으면서 목이 메었다. 부끄럽기도 하고 슬프기도 하고 고맙기도 했다. 그 일이 있은 후 우리들은 곧 가까워졌다. 학교 성적이 비슷했던 우리 둘은 자주 어울렸고 수업이 끝나고 나서는 원섭이네 집에 가서 함께 숙제를 했다. 원섭이 집에 가는 날은 저녁밥까지 얻어먹곤 했다. 지금 생각하면 내가 그때 원섭이 집에 자주 갔던 것은 어쩌면 숙제를 하기보다는 흰 쌀밥을 얻어먹기 위해서였는지 몰랐다.

그 무렵 나와 동생은 쌀밥은커녕 보리죽도 제대로 못 먹고 거의 점심을 굶고 살다시피 했다. 한 번은, 아버지는 염전 일을 가시고 어머니는 도붓장사를 나가 집에는 우리 형제만 남아 있었다. 동생과 나는 너무 배가 고파서 집주인 채전에 몰래 들어가 아주까리 열매를 한 보시기 따다 볶아 먹고 창자가 뒤틀리도록 설사를 한 적이 있었다. 그만큼 배가 고픈 시절이었으니 숙제를 핑계로 부잣집 친구 집에 가서 해가 질 때까지 몽그작거리다가 흰 쌀밥을 얻어먹는 일은 그리 창피하게 생각되지 않았다.

나는 그 섬에서 1년을 넘기지 못하고 고향으로 돌아갔다. 그러나 섬을 떠나서도 원섭을 잊지는 않았다. 원섭과 헤어진 지 4년 만인 1958년, 나는 처음으로 원섭에게 편지를 보냈다. 편지의 내용은 내가 당시 호남의 명문인 광주고등학교에 입학했다는 것을 알리기 위한 것이었다. 그 섬에 사는 동안 원섭과 비교하여 자신이 너무 가난하고 초라했기에 늘 열등의식을 느껴야 했던 나는 명문고에 들어간 것을 자랑하기 위해 오랜만에 그에게 편지를 썼는지 몰랐다. 즉각 답장이 왔는데 그는 서울사대부고에 입학했다고 했다. 1970년대 후반 우리들은 다시 만났

다. 그가 나를 찾아 주었다. 그 후 한동안 서로 소식을 주고받으
며 살았다. 소년 시절, 그와의 만남의 시간은 기껏 1년에 지나
지 않았지만 나는 언제나 그를 잊지 못하고 있다. 굶주림의 소
년 시절 그가 베풀었던 쌀밥 한 그릇의 우정은 소중한 기억으로
남아 있어 영원히 잊을 수가 없다.

20일간의 동행

　작가는 자신의 작품을 호평해 준 평론가에게 특별한 관심과 호감을 갖고 있게 마련이다. 나와 이유식 교수와의 만남도 작가와 평론가의 인연에서 비롯되었다. 나는 1970년대 초, 비교적 늦은 나이에 등단하여 작품 활동을 하기 시작했는데, 이유식 교수는 내 작품에 대해 남다른 관심을 갖고 좋은 평가를 해 주었다. 시골에서 작품 활동을 시작한 풋내기 작가로서는 고마운 마음을 갖지 않을 수 없었다. 문단과 특별한 교유가 없이 늘 소외감을 느끼고 있었던 터에, 내 작품을 냉정하게 평가해 준

이유식 교수에 대해 친근감을 느낀 것은 당연했다.

그러던 중 1981년 가을 이유식 교수와 함께 20일간 해외여행을 하게 되었다. 우리는 문공부에서 주관한 문인해외산업시찰단의 같은 팀으로 만났다. 김규동, 민영, 홍영철, 김자영 시인과 소설가로 윤흥길, 전상국, 필자, 평론가로는 이유식 교수가 동행을 하게 되었다. 그때만 해도 해외여행 규제가 풀리지 않아, 문인들이 외국 여행을 하기란 쉬운 일이 아니었다. 더욱이 국가에서 경비 일체를 부담하는 세계 여행이라니, 꿈만 같았다. 일부에서는 군사정부가 문인들을 회유하기 위해 세계 여행을 시킨 것이라며 비난하는 사람도 있었다. 그렇지만 작가들에게는 세계에 나가 견문을 넓힐 수 있는 좋은 기회였다.

프랑스, 이탈리아, 요르단, 인도네시아 등지를 함께 여행하면서, 나는 이유식 교수가 꼼꼼하고 정이 많으며 선비다운 올곧은 마음을 가지고 있다는 것을 알게 되었다. 아무리 가까운 사이라도 함께 어울리다 보면 사소한 의견 차이로 갈등이 생기고 더러는 신경전을 벌이게 마련이다. 그런데도 우리 팀은 처음부터 의기투합하여 너무도 잘 어울렸다. 특히 해외여행 경험이 있는 이 교수의 역할이 컸다. 관광지를 결정하는 일에서부터 끼니때 메뉴를 선택하는 것까지, 언제나 이유식 교수가 먼저 가장 합리적인 의견을 내놓았고 모두들 그 의견에 따랐다.

파리에 갔을 때 나는 이유식 교수의 도움을 받기도 했다. 일행 중 몇 사람이 밤에 거리 구경을 하던 중이었다. 주황빛 네온사인이 휘황찬란한 파리 중심가를 걷던 우리는 꿈을 꾸듯 황홀감에 빠져 들었다. 밤이라 상가는 철시했지만 쇼윈도를 장식한 상품들을 구경하는 것만으로도 감탄을 연발할 수밖에 없었다. 나는 쇼윈도에 진열된 카메라를 들여다보려고 유리 칸막이가 있는 것도 모르고 고개를 가깝게 들이밀다가 그만 얼굴을 유리에 꽝 하고 부딪쳤다. 얼굴은 다치지 않았지만 아뿔싸, 오른쪽 안경알이 깨지고 만 것이었다. 시력이 좋지 않은 나는 안경 없이는 걸을 수 없는지라 당황했다. 그때 이유식 교수가 밤이 늦도록 내 손을 잡고 파리 시내의 안경 집을 찾아다녔다. 그러나 의사의 진단서 없이는 안경을 맞춰 줄 수가 없다고 했다. 이 교수가 사정을 해 보았지만 들어주지 않았다.

결국 나는 다음 날 관광에서 마치 맹인처럼 이유식 교수의 손을 붙잡고 다녀야만 했다. 유명한 100불짜리 '리도쇼'를 구경할 때도 맨 앞자리에서 오른쪽 눈을 감고 왼쪽 안경알만 남은 안경을 쓴 채 보아야만 했다. 맨 앞자리에 앉은 탓으로 쇼의 사회자와 간단한 인터뷰를 했고 그사이에 감쪽같이 나도 모르게 그가 내 시계를 낚아챘다. 깨진 안경 덕분에 '리도쇼'에 출연한 셈이다. 나는 이탈리아에 와서야 역시 이유식 교수의 도움을 받아 안경을 맞췄다. 이탈리아는 의사 진단서 없이도 안경을 맞춰 주었다.

우리는 이탈리아를 거쳐 요르단에 도착해 암만에 있는 쌍용건설 캠프에서 여장을 풀었다. 그런데 난데없이 이유식 교수가 가방의 물건들을 꺼내 놓고 큰 소리로 탄식을 늘어놓았다. 이탈리아에서 산 카메오 브로치 두 개가 없어졌다는 것이었다. 그때까지만 해도 우리나라에는 카메오가 널리 보급되지 않아서 꽤 귀한 액세서리로 알려져 있었고 값도 비쌌다.

"우리 마누라쟁이 줄라고 큰맘 먹고 산 긴데 이를 어짜노."

이유식 교수는 크게 낙망해 있었다. 일행은 혹시 이 교수의 카메오가 자기 짐에 잘못 끼어들었나 싶어 저마다 가방을 뒤지는 소동까지 벌였다.

그러나 다음 날 아침 페트라 구경을 떠나게 되자 이유식 교수는 금방 그 특유의 피식거리는 미소를 만면에 담뿍 머물고 마냥 즐거워했다. 페트라는 요르단의 수도 암만에서 150킬로미터 떨어진 곳에 있는 고대 나비티아 왕국의 도읍지였다. 실크로드 시절 번영을 누리다가 멸망, 1800년대까지만 해도 완전히 역사

속에 묻혀 있었다. 이곳은 세계 10대 여행지로 유명한 곳인데 우리에게는 잘 알려져 있지 않았었다. 특히 이곳은 영화 〈인디아나 존스〉에서 주인공 해리슨 포드가 마지막 성배(聖盃)를 찾는 장면을 촬영한 곳으로도 유명하다.

우리는 자동차로 페트라 입구까지 가서 2킬로미터나 되는 붉고 거대한 바위 협곡을 지나야만 했다. 협곡의 길이 너무 험하고 낭떠러지가 아슬아슬하여 동키를 타고 갈 수밖에 없었다. 우리를 태운 동키마다에는 고삐를 잡은 소년 마부가 한 명씩 딸려 있었다. 그런데 중간쯤 가서 험한 협곡에 들어서자 마부들은 저마다 우리 일행에게 달러를 요구했다. 팁을 주지 않으면 동키의 고삐를 놓아 버리겠다고 위협을 했다. 이때 나는 우리 돈 오백 원짜리를 홍콩 달러라며 주었고 이유식 교수는 돈이 없다고 볼펜을 주었다. 소설가 윤흥길은 아무것도 주지 않자 고삐를 놓아 버리는 바람에 미친 듯 달리는 동키 위에서 사람 살리라고 소리소리 질러 댔다. 협곡이 끝나는 곳에 아름다운 건물 카즈네가 있고 카즈네를 돌아가면 꽤 널찍한 곳에 바위를 파서 만든 귀족들의 묘와 서민들의 집이며 원형극장이 자리 잡고 있었다.

다음 날 우리는 사막에 나가 양고기에 고추장을 발라 구워 먹었다. 우리는 서로를 보며 마치 마적단 같다며 한바탕 웃었다. 마지막 날에는 요르단의 대표적 문인들과 만나서 아랍 문학에 대한 이야기를 들었다. 그때 암만의 한 시인이 우리에게 한국에 자국 언어가 있느냐고 물었으며 이유식 교수가 흥분한 목소리로 한글의 우수성에 대해 자세하게 설명해 주었다. 20일간의 동행은 우리를 오랜 친구로 변화시켰다. 이 세상에서, 20일 동안 나라 밖에서 함께 밥 먹고 자고, 같은 차를 타고 다니면서 고락을 함께 나눈 친구가 과연 몇이나 될까.

사투리로 유명해진 농부

어따, 전라도 사투리한테 오부레기 모타는께 징허게도 옹골지네. 광양에서 농사짐시로 사는 서재환 씨의 《항꾸네 지지고 보끄고》 원고 뭉텡이를 꼴까닥 밤 샘시로 읽어 부렀다. 모지락시럽게 없어져 뿐 우리 고장 사투리를 워디서 요로코롬 꾸끔시럽게 찾어냈는고. 나꺼정 무담시 오져 죽겄다. 원고를 읽음시로 폴세 잊어불고 살어온 고향 일가를 다시 만난 것 맹키로 오목가심이 찡허다. 참말로 겁나게 반갑고 아심찮허다.

나는 여태꺼정 소설을 씀시로 우리 고장 사투리를 되살려 볼라고 나름대로 솔찬히 애를 써 왔다. 그런디 소설에서는 포도시 말을 주거니 받거니 허는 대화에서, 등장인물의 성깔이나 됨됨이를 비쳐 주기 위한 도구로 쬐깐 써 왔을 뿐이다. 《항꾸네 지지고 보끄고》에서 맹키로 첨부텀 끝꺼정 몰강시럽고 텀턱시럽게 사투리로 범벅을 헐 수는 없었다. 생각해 봉께 내가 여적지 해 온 일이 우세시럽기만 허다.

시방 도회지에서는 사투리 듣기가 영 에럽고 짚은 꼴짝 동네에 가도 낫살께나 잡순 어른이 아니면 잘 쓰도 않는다. 텔리제전이나 라디오 드라마 같은 디서 이따끔씩 사투리를 듣게 되는디, 워쩐지 껄적지근허고 내 나뿌닥이 갠질거리도록 어색시럽기만 허다.

사투리는 지방 사람덜이 거칠 것 없이 오랫동안 암시랑토 않게 잘 써 온 말이다. 그러기 땜시 사투리에는 그 지방 사람덜의 넋과 생활 풍습 같은 문화가 흠뻑 녹아 있다고 생각헌다. 그런디 언제부텀인가 모르제만 표준말을 쓰는 사람은 유식허고 사투리를 쓰는 사람은 촌시럽고 모지랜 사람으로 취급해 부렀다. 나는 이것이 마땅찮다. 본시 표준말은 수도 사람들이 쓰는 말이다. 그렁께, 시방은 서울이 수도라서 서울 말이 표준어가 되였제만, 백제 시대에는 공주나 부여 지방의 말이 표준어가 아니었겄남. 따라서 광주가 수도가 된다치면 우리 전라도 말이 표준어가 된다 이 말이다.

나는 또 사투리는 그 지방의 힘이며 기신(기운)이라고 생각헌다. 겡상도 사람덜이 서울에서 곁에 사람 눈치코치 안 보고 역부러 큰 소리로 사투리 찍찍 쓰는 것은 그만치 자신감이 있기 때문이다. 반대로 전라도 사람덜이 맬갑시 숨 쥑여서 살째기 말하는 것은 뭣인지 모르제만 잔뜩 주눅이 들어 있기 때문이 아닌감. 그래서 말인디, 우리도 무담시 주눅들거나 우세시러워 말고 서로 이무럽게 전라도 사투리 팍팍 씀시로 살아갈 일이다. 그것이 힘이고 권력이고 자신감인께. 그러기 위해서는 차꼬차꼬 잊혀져 가는 사투리를 힘써 찾아내서 많이 쓰는 것이 필요허다.

서재환 씨가 쓴 이 책에는 사투리뿐만 아니라, 4대가 항꾸네 알탕갈탕 살어가는 이야그가 폭 곰삭은 청국장 맹키로 솔찬히 재미지다. 살어 있는 가족사를 읽는 기분이다. 이 식구덜 살어가는 이야그를 눈꼽재기만치도 보태거나 숭키지 안 허고 본디 모양새를 옴스라니 비쳐 주고 있다. 특히 꼽꼽헌 98세 할매의 짱짱헌 모양새가 눈에 뺀헐 정도로 생생허다. 그 나이에도 늘 부삭에 뽀짝거리고 호맹이 들고 나선다니 영락없는 대지의 엄니다. 또 모숭고, 꼬사리 끙고, 볼쌀밥 허고, 뚜부 맹글고, 냇

가에서 대사리 잡고, 까끔에 가서 가래 긁고, 산노물 푸정가리
뜯고, 밤에 괴기 잡고, 초상치고, 아짐씨 전어 장시 나가고……
농사꾼들 한타랑으로 어울려 사는 모양새가 참말로 구성지다.
그런가 허면 미국 탱크에 깔려 애먼 죽음 당헌 미선이, 효순이
추모헐라고 마당 두엄자리 옆 감낭구에 촛불 매달어 놓고 애두
러워허는 그 꼬장꼬장허고도 따땃헌 마음씨에 내 가심이 뭉쿨
허다.

그런가 허면 광양 사람덜이 의접허고 사는 백운산과 섬진
강 사계절의 변화며 여러 가지 약초 들꽃들에 대한 이야그도 푸
짐허다. 하늘타리, 콩제비꽃 주름잎, 지칭개, 장녹, 수크렁, 삼
백초, 마삭줄 닭의 장풀, 괭이밥, 광대나물, 골담초 같은, 쉴허
게 귀경허기 에러운 산약초들을 그 쓰임새와 같이, 천연색 사진
으로 쌔뚝허게 찍혀 있어 보기에도 영판 좋다. 또한 끄트머리에
모타논 사투리는 많은 참고가 될 것 같다. 이 책에는 겡상도 사
투리와 비스끄름헌 것들도 눈에 띠제만, 등어선인 섬진강을 찌
고 있는지라, 이 또한 광양 지방 사투리의 똑별난 점이 아닌가
헌다. 암턴, 서재환 씨의 찐덥진 고향 사랑에 손뻑을 치고 잪다.
출세나 명예에 뽀짝거리지 않고 흙과 항꾸네 살어가는 그는 효
성이 지극허고 됨됨이가 낫낫해서 느자구가 있어 뵈인다.

갖고 싶은 것, 주고 싶은 것

네 살짜리 손자 준철이한테 갖고 싶은 것이 무엇이냐고 물었다. 소유에 대한 개념을 잘 모르는 준철이는 "할아버지 유리구슬이랑 사탕 사 주세요"라고 말했다. 마음이 수정처럼 맑은 준철이의 눈에는 하늘빛의 동그란 유리구슬이 신비스러워 보일 것이다. 어쩌면 유리구슬처럼 투명한 세상을 꿈꾸고 있는 것인지도 모른다. 준철이는 사탕을 사 주면 욕심을 부리지 않고 제누나 지영이하고 잘 나눠 먹는다. 아직은 내 것 네 것을 따로 챙기거나 내 것에 대해 집착할 줄을 모른다. 초등학교 3학년인 손녀 지영이는 오래전부터 강아지를 갖고 싶어 했다. 지영이는 유치원 때 자기가 갖고 놀았던 인형들을 모두 동생 준철이한테 주겠다고 했다. 올해 유치원에 들어간 외손자 재엽이는 기차놀이 장난감이 갖고 싶다고 했다. 누구한테 뭘 주고 싶으냐고 다시 물었더니, 친구들한테 사탕을 나눠 주고 싶다고 했다. 초등학교 4학년인 재훈이는 게임보이가 갖고 싶다고 했고 동생 재엽이한테 딱지를 주겠다고 했다. 어린아이들의 소유욕은 참으로 단순하여 아름답기까지 하다. 그리고 자기가 한때 소중하게 갖고 놀았던 것들을 누구한테 주고 싶어 한다. 그들은 그 나이에 알맞은 것들을 갖고 싶어 한다. 결코 황당한 욕심을 부리지 않는다. 그 나이에는 그들이 갖고 놀 수 있는 구슬이며 딱지, 장난감, 학용품 등이 최고로 소중한 것이 아닐까. 나 역시 그 나이대에는 고무줄 새총과 팽이, 칼집이 달린 붕어 칼, 제기, 꽃 그림 필통이 갖고 싶었다.

대학에서 내 소설 창작 강의를 수강하는 학생들에게 물어 보았더니, MP3, 디카, 노트북, 오토바이, 자동차, 멋진 옷, 애인 등 다양했다. 주고 싶은 것은 없다고 했다. 대신 갖고 싶은 것은 자기가 노력해서 갖겠다고 했다. 자기 소유물에 대한 집착도 강해진 반면 주는 것에는 인색해졌다.

재훈이의 엄마인 서른아홉 살 둘째 딸은 레저용 7인승 SV 자동차를 갖고 싶다고 했고, 훗날 며느리한테 자신의 결혼반지를 주겠다고 했다. 여행을 좋아하는 둘째 딸은 오래전부터 낡은 소형 승용차를 지프로 바꾸고 싶어 했다. 결혼 십 년째인 둘째 딸은 갖고 싶은 것도 주는 것도 아주 현실적이 되었다. 이 나이가 되면 자기가 가질 수 있는 것만 갖기를 원하며 모든 것을 자식에게 주려고 한다.

환갑을 넘긴 아내는 "지난번 생일 때 코 싹 씻어 버리더니 이제야 생일 선물 사 주려고요?" 하면서 대뜸 다이아 반지가 갖고 싶다고 했다. 그렇지 않아도 아내는 늘 "환갑이 되도록 내 생전 다이아 반지 한 번 끼어 보지 못했다"면서 서운해했었다. 나는 아내가 반지 이야기를 꺼낼 때마다 잔뜩 주눅이 들게 마련이다. 결혼 때 고작 두 돈짜리 금반지를 해 주었는데 그것마저 결혼한 이듬해에 모 신문사의 장편소설 공모에 응모할 작품을 쓰려고 섬으로 들어가면서 팔아 버렸으니까. 뭘 주고 싶으냐는 질문에는 손자들한테 사랑을 주겠다고 했다.

설날 고향에 가서, 손자가 아홉 명이나 된다고 자랑하는 불알친구한테 같은 질문을 했더니, 갖고 싶은 것 대신 쌀값이나 올려 주었으면 좋겠다면서, 줄 것이라고는 농협에서 융자받은 빚뿐이라고 말했다. 친구의 냉소적인 태도는 농민들에게 아무런 희망이 없음을 말해 주고 있는 것 같다.

사업을 하는 친구는 골프장을 하나 갖고 싶다고 했고 평생 모은 재산을 어떻게 하면 법적으로 문제가 안 되게 세 명의 아들들에게 골고루 물려줄까 걱정이라고 했다. 문학박사인 동료 교수는 세상을 꿰뚫어 볼 수 있는 예지와 지혜를 갖고 싶고 제자들에게 제대로 된 지식을 전해 주고 싶다고 했다. 사회적으로 성공했다고 하는 어른들도 갖는 것과 주는 것에 대한 생각이 크게 달랐다.

93세 노모는 갖고 싶은 것이 아무것도 없다고 하셨다. 또 어머니는 "나한테 있는 거 다 너한테 주고 싶으니 언제든지 가져가거라" 하시면서 어머니의 재산 목록 1호인 쌍가락지를 꺼내셨다. 평생을 주고만 살아오신 어머니는 어쩌면 처음부터 갖고 싶은 것이 없었는지도 모른다. 무엇이건 갖기가 바쁘게 자식들한테 몽땅 주셨을 테니까.

나는 무엇을 갖고 싶고 누구한테 무엇을 주고 싶은 것일까. 오래전부터 전기면도기가 있었으면 했다. 아침마다 면도날로 수염을 밀기가 너무 귀찮아, 이럴 때 전기면도기가 있으면 좋을 텐데 하고 생각하면서도 아직까지 그것을 못 사고 있다. 그러나 정말 갖고 싶은 것은 작업실이다. 시골에 텃밭이 딸린 아담한 흙집이 있으면 정년을 한 후에 조용히 들어앉아 소설을 쓸 수 있을 텐데 싶었다. 그러나 이보다 더 갖고 싶은 것은 자꾸만 잊혀져 가는 과거의 기억들이다. 나이가 들수록 고통스러웠거나 아름다웠던 기억들이 사라져 가는 것이 너무 안타깝다. 그리고 주고 싶은 것은 내 책들이다. 정년을 하면 이 많은 책을 어떻게 처리할까 고민이다. 학생들한테 고지를 하여 퇴임하는 날 순번대로 한 권씩 나눠 줄까 생각도 해 보았다. 혹시 나와 같은 길을 가는 후손이 있다면 모두 물려주고 싶다. 그러나 진정으로 주고 싶은 것은 남을 배려하는 마음이다. 그동안 너무 이기적으로 살아왔기 때문에 이제부터라도 남을 위해 살아가고 싶은 것이다.

네 살 난 손자에서부터 60대 어른들까지, 갖고 싶어 하는 것들을 보면 나이가 들수록 점점 원하는 것도 상승하고 있음을 알 수 있다. 인간이 나이가 든다는 것은 욕망이 커져 간다는 것인가. 그러다가 93세의 우리 어머니처럼 세상 떠날 날이 가까워서야 욕심을 비우게 된다는 것인가. 갖고 싶어 하는 것은 물질 중심인 것에 비해 주고 싶은 것은 정신적인 것에 치우치게 된다는 것도 깨달았다.

나는 1970년대에 송광사 불일암에 은거 중인 법정스님을 자주 찾아다녔었다. 한번은 스님과 둘이 앉아서 차를 마시고 있는데 신혼부부가 송광사에 신혼여행을 온 김에 《무소유》라는 스님의 책을 감명 깊게 읽었기에 인사를 드리고 싶다고 했다. 스님은 부부 교사라는 이들에게 차 대접을 하고 주례사를 한마디 해 주겠다고 하면서, 신부에게 대뜸 "갖고 싶은 거 두 가지만 말해 보라"고 했다. 신부는 컬러 TV하고 투 도어 냉장고를 갖고 싶다고 했다. 그러자 스님은 "두 가지 중에서 하나만 갖고 나머지 하나는 사야지, 사야지 하고 희망 사항으로 남겨 두시오"라고 했다. 두 가지 다 갖고 나면 또 다른 것이 갖고 싶어지고 그렇게 되면 평생 소유욕의 노예가 되기 때문에 욕심 창고 하나는 늘 비워 두라는 것이었다. 나는 이 자리에서 스님은 무엇을 갖고 싶고 무엇을 주고 싶으냐고 물었다. 스님은 갖고 싶은 것도 주고 싶은 것도 오직 자비심이라고 대답했다.

갖고 싶은 마음은 욕망이며 희망이기도 하고 주고 싶은 마음은 베풂이며 사랑이기도 하다. 갖고 싶은 것은 끝이 없고, 주고 싶은 마음은 인색한 우리들. 갖는 것만큼 주는 사람이 되어야겠다. 갖고 싶은 마음보다 주고 싶은 마음이 더 클 때 우리들 세상은 더 아름다워지지 않을까. 돈을 제외하고 내가 갖고 있는 것 중에서 가장 소중한 것은 무엇이며 그것을 누구에게 줄 것인가 생각해 보자. 우리가 진정 갖고 싶은 것은 무엇이며 주고 싶은 것은 무엇인가. 갖고 싶은 것이 물질이 아닌 정신적인 것은 없을까. 그리고 우리가 어린이들처럼 소유에 집착하지 않고 주는 것에 인색하지 않는다면 우리는 새들처럼 평생을 자유롭게 살아갈 수 있지 않을까. 내가 갖고 있는 것 중에서 가장 소중한 것을 선뜻 줄 수 있는 여유로움이야말로 얼마나 넉넉하고 아름다운 마음인가.

주는 사랑이 더 아름답다

얼마 전 송하춘의 단편소설 〈비버리힐즈 서울 사이트〉를 읽고 나서 받을 줄만 알았지 주는 연습이 부족한 요즘 아이들의 실상을 알 수 있었다. 소설의 중심 줄거리는 남해에서 중학교에 다니는 세명의 여학생들이 상경하여 그들의 우상인 H.O.T의 집을 구경하고 돌아간다는 내용이다. 그들의 서울행은 성지순례만큼이나 엄숙하고 진지하다. 비록 H.O.T를 만나지는 못했지만 우상이 살고 있는 집을 가까이서 보고 가는 것만으로 마냥 감격하고 행복해한다. 그런데 소설의 마지막 부분에서 '받는 것과 주는 것'에 대한 의미를 생각하게 해 주었다.

"인기척이 느껴져서 눈을 떠 보니 어떤 궁상맞게 생긴 할아버지가 나를 뚫어져라 쳐다보고 있는 거야. 자세히 보니 내 앞에 손을 내밀고 한 푼 줍쇼, 하는 거야. 이럴 때 어떻게 해야 하는 건지, 얼마를 줘야 하는 건지, 겁이 덜컥 나더라고. 그래서 그냥 모른 척하고 가만 있었지 뭐. 그랬더니 어쨌는 줄 알어? 내 앞에 서서 잠시 나를 째려보더니, 되레 자기 호주머니에서 10원짜리 동전 하나를 꺼내 내 손에 안겨 주는 거 있지? 그러고는 얼른 다음 칸으로 가 버리는 거야."

소설에서 한 여학생의 말이다. 그들은 거기에는 뭔가 이유가 있을지 모른다고 하면서, 뭔가 이유가 있다면 큰일이라고 말한다. 거지 노인이 되레 여학생에게 10원짜리 동전을 주고 간 의미는 무엇일가. 어쩌면 받기만 하고 자란 아이들에게 주는 것이 무엇인지를 깨닫게 하기 위한 것인지도 모른다. 요즘 아이들은 부모덕에 부족함이 없이 살고 있다. 이들은 받을 줄만 알았지 준다는 것에 대해서는 잘 모른다. 주는 연습을 해 보지 않았기 때문이다. 유치원에 다니는 어린아이들도 자기가 갖고 있는 장난감이나 과자 등을 버리면 버렸지 누구에게 주지 않으려고 한다는 이야기를 자주 듣는다. 이렇듯 받기만 하고 줄 줄을 모르는 아이들은 이기적일 수밖에 없다. 이들이 자라서 어른이 되면 우리 사회는 얼마나 각박해질까 걱정이다.

그래서 옛날 부모님들은 거지가 동냥질을 오거나 스님들이 탁발하러 집에 올 때는 보리밥 한 숟가락이라도 일부러 아이들을 시켜서 주도록 했다. 특별한 음식을 만들어 이웃에 돌릴 때도 일부러 아이들을 시켰다. 아이들에게 주는 연습을 시킴으로 하여 베푸는 미덕을 스스로 터득하게 하기 위한 가르침이었다.

나는 십 수년 전에 SBS팀과 함께 혜초스님의 발자취를 더듬는 '신왕오천축국전'을 촬영하기 위해 6개월 동안 인도를 여행한 적이 있다. 그때 나는 주는 사람의 겸손과 받는 사람의 자존심에 대해 생각하게 되었다.

인도에 도착하자 안내인이 거지들에게 줄 잔돈을 많이 바꿔 두는 것이 좋다고 했다. 나는 큰 주머니에 동전을 가득 넣고 다니면서 걸인들을 만나면 지체하지 않고 주머니에서 동전을 꺼내 주곤 했다. 자동차를 타고 거리를 가다가 신호등 때문에 멈춰 서거나, 소 떼를 만나 움직이지 못하고 있을 때 걸인들이 파리 떼들처럼 엉겨 붙기 마련이었다. 그들은 "박시시(적선합

쇼)"를 외치며 자동차를 가로막기 일쑤였다. 그런데 이상한 것은 그들은 돈을 받고도 절대 "슈크리아(생큐)"라고 하지 않는다는 것이다. 마치 당연히 받을 것을 받는다는 당당한 표정이었다. 그 이유를 알 턱이 없었던 나는 막상 돈을 주기는 하면서도 약간 불쾌하기까지 했다.

며칠 지나서야 나는 이들은 결코 비굴한 방법으로 구걸하지 않는다는 것을 알게 되었다. 뉴델리 외곽에 있는 게스트 하우스 2층에 묵고 있을 때였다. 늦잠을 자고 일어나자 창밖에서 기타 소리와 비슷한 음악에 맞춰 청아하면서도 애조를 띤 남자의 노랫소리가 들려왔다. 창문을 열고 베란다에 나가 보았더니, 여관 앞 늙은 벵골보리수 그늘 밑에, 겨릅처럼 비쩍 마른 체구에 더러운 흰색 도티를 입은 노인이 기타를 튕기며 시바신을 찬미하는 노래 '바잔'을 부르고 있었다. 베란다에서 노래를 듣고 있던 나는 10파이샤짜리 동전 두 닢을 손에 들고 큰 소리로 "헤이"를 외치며 던지려고 했다. 그러자 걸인 노인은 다급하게 오른손을 휘저으며, 돈을 던지지 말고 층계를 타고 내려와 자기 옆에 있는 바구니에 넣으라고, 손짓으로 말하고 있는 것이 아닌가. 나는 동전을 들고 내려가기가 귀찮아 그만두고 싶었다. 잠시 망설인 끝에 약간 떨떠름한 얼굴로 층계를 내려가 노인의 동냥 그릇 속에 동전을 넣어 주었다. 노인은 내게 고맙다는 말은 커녕 나를 전혀 의식하지 않고, 턱 끝을 쳐들고 빳빳하게 앉아서 벵골보리수 나무 우듬지를 쳐다보며 계속 노래만 부르고 있었다. 나는 20파이샤가 너무 적어서 그러는 것일까 하고 생각해 보았다. 허나 20파이샤면 점심으로 먹을 자파티 두 개를 살 수 있는 돈이 아닌가.

역시 뜨악한 기분으로 돌아서려다 얼핏 노인을 보았다. 그의 얼굴은 성자와도 같은 넉넉함과 부드러움과 평화로운 기운이 가득 넘쳐흘러, 마치 부처의 32상(相)의 하나인 백호상(白毫相)의 빛이 보이는 듯하였다. 두 눈썹 사이의 희고 빛나는 가는 터럭은 깨끗하고 부드러워 세향(細香)과 같고, 오른쪽으로 말린 데서 끊임없이 광명을 비추는 듯한 그 얼굴은 영락없는 부처의 모습이었다. 성자의 모습 그대로였다.

그 후 지저분한 캘커타 후글리 강변에서, 성자인지 걸인인지 분별하기 어려운 구걸자를 만난 일이 있었다.

"박시시, 박시시."

기도소 입구로 들어가는 나에게 까마귀 다리처럼 가늘고 검은 팔을 길게 뻗쳐 온 초로의 걸인이 적선하라고 외쳐 댔다. 그의 얼굴은 야위었지만 눈은 맑고 깊었다. 마침 동전이 떨어져

5루피짜리 지전을 그의 손에 쥐어 주었다. 그런데도 "슈크리아"
한마디 없는 그가 뻔뻔스러워 찡그린 얼굴로 그를 질러 보았다.
그러자 노인은 토기 물 항아리에서 생철 물 잔에 물 한 잔을 떠
서 내게 주었다. 그 물을 마셨다가는 창자가 뒤틀리는 배앓이와
함께 한 일주일쯤 설사를 하게 될 것 같아 손을 저으며, "노 생
큐"를 연발했다. 그래도 노인은 내 코앞에서 물 잔을 거두지 않
고 연신 "노 프로블럼"을 외쳐 댔다. 자기 토기 항아리 물은 성
수(聖水)이기 때문에 배탈이 나지 않는다는 것이었다.

　나는 노인 옆에 쪼그리고 앉아 왜 걸인이 되었느냐고 물었
다. 노인은 대답 대신 '구걸자의 노래'의 가사가 적힌 쪽지를
내게 주었다.

　　오 나의 기쁨은 영원히

　　그리고 나의 슬픔도 영원히

　　돌아오라, 비구름 소리에 허약한 너

　　내 입술의 웃음 속으로 돌아오라

　　그리고 내 눈의 눈물이 되어다오

　　나의 수고로움, 나의 사랑, 나의 고통이

　　나의 믿음 속으로

그리고 나의 생명과 죽음 속으로 돌아오라

걸인과 쓰레기와 까마귀와 부자와 자동차와 소가 많아서 '천국과 지옥이 공존하는 곳'이라고 하는 인도. 그곳에는 성자도 많지만 구걸자도 많다. 깊은 명상에 잠긴 걸인들의 모습은 성자와도 같다. 그들의 모습에서 삶의 고통의 그늘을 찾아볼 수 없다. 그들은 지금의 가난을 두려워하거나 원망하지 않는다. 지금 자신들이 가난한 것은 전생에 적선(積善)하지 않은 업(業, 카르마)으로 받아들인다. 따라서 지금이라도 덕을 많이 쌓으면 내세에는 다시 부자로 태어날 수 있다고 믿고 있다. 그러므로 구걸자에게 돈을 주는 것은 적선의 기회를 주었기 때문에, 고맙게 생각해야 하는 쪽은 구걸자가 아니라, 주는 사람이라는 것이다. 돈을 받는 걸인들이 절대 "슈크리아"를 말하지 않는 이유가 거기에 있다. 물론 걸인들을 보면 얼굴을 찡그리거나 화를 내지 않는다. 그들에게 화를 내거나 욕을 하면 죽어서 걸인으로 태어난다고 믿기 때문이다. 그러므로 인도 사람들은 걸인들에게 돈을 주는 것이 생활 습관처럼 아주 익숙하다.

걸인들은 배부르게 먹기 위해 결코 비굴하지 않는다. 굶어 죽으면 가장 부자로 태어난다고 믿고 있다. 그러기에 손을 벌리는 걸인들의 표정은 비굴하기보다는, 어쩌면 성자의 모습처럼 느긋하고 평화롭다. 그래서 인도는 정신이 살아 있는 마지막 남은 영혼의 땅인지도 모른다.

우리는 성자도 없고 걸인도 없는 나라나, 성자는 없고 걸인들만 많은 나라보다는, 성자도 많고 걸인도 많은 나라에서 살기를 원한다. 성자도 걸인도 없는 유토피아 같은 나라는 이 세상에 존재하지 않는다. 성자는 없고 걸인들만 있는 나라는 많다. 그러나 성자도 많고 걸인도 많은 나라는 그리 흔하지 않다. 그리고 걸인이 없는 나라에 사는 사람들이라고 해서 결코 행복하지 않을 것이다. 걸인이 없는 나라는 물질이야 풍요롭겠지만 정신은 가난할 것이기 때문이다.

우리나라에는 성자는 없고 걸인은 많다. 주려고 하는 사람들보다는 받으려고 하는 사람들이 많은 것이다. 모든 사람들이 주는 사랑이 아름답다고 생각하고 실천할 때, 우리는 더불어 행복을 느낄 수 있다. 우리에게도 주는 연습이 필요하다. 그리고 줄 때는 겸손한 마음이 필요하다. 그러나 주는 연습이 안 된 우리들은 걸인들에게 동전 한 닢 주는 것이 그렇게 쉽지가 않다. 거리에서 구걸자들과 마주치면 일부러 외면을 하거나 모른 척 지나치기 일쑤다. 물론 호주머니에서 동전을 찾아 허리를 구부리고 그들의 동냥 그릇에 넣어 준다는 것이 조금은 어색할 수도 있다. 그러나 익숙해져야 한다. 100원짜리 동전 한 닢 주는 것부터 익숙해져야만 이웃들에게 더 큰 사랑을 베풀 수가 있는 것이다. 받는 고마움보다 주는 사랑이 더 아름답다는 것을 깨달을 때 우리 사는 세상은 더없이 찬란해 보일 것이다.

미치게 그리운 '유년의 바다'

나는 봄과 가을에는 산을 좋아하고 여름과 겨울에는 바다를 좋아한다. 봄과 가을에는 산에서 자연이 터뜨리는 온갖 찬란한 색깔들을 볼 수 있어 좋고 여름과 겨울에는 바다에서만 만끽할 수 있는 아름답고 원초적인 생명력을 마음껏 느낄 수가 있어 좋다. 나는 며칠 전에도 뜬금없이 바다가 보고 싶어 부슬부슬 비가 내리는 시골 길을 달리다가 그림같이 아름다운 정경을 발견하고 차를 멈춘 채 한참 동안 바라보았다. 고물고물한 초등학교 아이들이 노랑, 파랑, 보랏빛 비옷에 색색의 우산을 쓰고 나란히 둑길을 걸어가고 있었다.

그 아이들을 보면서 문득 먼 옛날 나의 소년 시절을 떠올렸다. 내가 초등학교에 다닐 때는 종이우산은커녕 도롱이나 삿갓도 제대로 쓰지 못해 미꾸라지처럼 쫄딱 비에 젖어야만 했었다. 학교가 파할 무렵 비를 만나면 학교 뒤뜰에서 넓은 피마자 잎을 잘라 머리에 덮고 뛰는 것이 고작이었다. 바다를 보러 가다가 예쁜 비옷을 입고 시골 길을 걸어가는 아이들을 바라보던 나는 불현듯 열두 살 때 처음 바다를 보았던 추억과 피마자 열매를 볶아 먹고 몹시 배가 아파 혼이 났던 일을 떠올렸다.

무등산 너머 장대를 건너지르면 맞닿을 정도로 좁고 깊은 골짜기에서 태어나 산과 하늘만을 보면서 자란 나는 큰 배가 다니고 고래가 사는 바다를 동화 속 세상처럼 늘 동경했다. 나는 신비로운 바다에 대해 알고 싶은 것이 너무 많았다. 집채 덩이만 한 파도가 우는 소리는 얼마나 아름다우며 수평선은 정말 하늘처럼 끝없이 펼쳐져 있을까. 해질 무렵이면 온통 붉게 타오른다는 바다는 대낮에는 무슨 색깔일까. 고래가 춤추는 것을 볼 수 있는 것일까.

내가 바다를 처음 본 것은 열한 살 때, 진달래가 찢어지게 피기 시작하는 이른 봄이었다. 6 · 25 때문에 고향을 떠나 삶의 터전을 낯선 섬으로 옮기게 된 것이다. 고향이 공비 토벌 작전 지역이 되면서 집들이 불태워지고 모든 민간인이 소개(疏開)된 때문이었다. 6 · 25가 터지기 바로 전 해에 우리 집 발동기가 섬으로 팔렸고 그 기술자였던 박 서방이 발동기와 함께 딸려 갔다. 전쟁이 터지자 살길이 막막했던 우리 가족도 먹보 박 서방과의 인연으로 섬 살이를 떠난 것이었다.

그때 처음 보았던 바다는 나에게 끝없는 공포와 절망 그것이었다. 신비로운 동경의 세계가 아니었다. 우리 가족이 저녁도 굶은 채 광주에서 기차를 타고 목포역에 도착한 것은 밤이 깊어서였다. 밤이 늦은 탓으로 마땅히 돌아갈 곳이 없는 우리들은 대합실에 오불오불 웅크리고 앉아 날이 새기를 기다렸다. 허기에 지친 채 차가운 대합실 바닥에 퍼질러 앉아 자울자울 졸고 있을 때 느닷없이 헌병들이 들이닥치더니 총부리를 겨누며 우리들을 깨우고 줄을 서게 했다. 헌병들은 무슨 영문인지도 모르고 두려움에 떨고 있는 승객들을 카빈총 개머리판으로 내리치면서 소리를 내질렀다. 헌병들이 왜 총을 휘두르며 무섭게 닦달했는지 몰랐다. 그 시절은 그랬다. 아무 이유도 없이 두들겨 맞았고 끌려가 죽었다. 왜 때리느냐고 묻지도 못했다. 총을 가진 자만이 힘이 있었고 민초들은 총부리 앞에 납작하게 엎드린 채

벌벌 떨면서 살아야만 했다. 살아난 것만으로도 행운이라고 생
각하던 시절이었다. 대합실에서 쫓겨난 우리는 역 주변의 허름
한 싸구려 하숙집으로 몰려가 콧구멍만 한 골방에서 남자, 여자
가릴 것 없이 겹겹이 포개 자야만 했다.

　날이 밝자 배를 타기 위해 선창으로 갔다. 그때 나는 처음
으로 바다를 보았다. 처음 본 바다는 움직임 없이 철판처럼 낮
고 무겁게 깔려 있었다. 아름답다기보다 두려움이 앞섰다. 비록
산골짜기였지만 누렇게 익은 벼가 물결처럼 출렁이는 고향의
들판을 바라볼 때의 그 넉넉한 포만의 기분과는 너무도 다른 느
낌이었다. 목포 앞바다를 보는 순간 배고픔과 조갈증으로 심한
현기증을 느꼈다. 앞으로 그 넓고 험한 바다를 헤쳐 가며 살아
가야 할 일이 너무도 아득하게 생각되어졌다.

　세 시간 동안 통통선을 타고 도착한 섬이 신안군에 속하는
비금도였다. 비금항에 도착하여 원평 파시까지 가는 달구지 길
의 길바닥에는 황석어 등 잡어들이 무더기로 널려 있어 비린내
가 진동했다. 그 고기들로 못자리 거름을 한다는 것이었다.

　"이 섬에서는 물괴기만 궈 묵어도 굶어 죽지는 않겄다."

　아버지가 연신 코를 킁킁거리면서 말씀하셨다. 아버지의
말씀처럼 우리는 그 섬에서 물고기로 배고픔을 이겨 낼 수 있었

다. 아침에 보리죽 한 사발을 둘러 마시고 저녁 때 아버지, 어머니가 일터에서 돌아오실 때까지 동생과 나는 온종일 굶어야만 했다. 다행히 고깃배가 들어오는 날이면 갯가로 달려가 갯장어며 게 등을 얻어다가 구워 먹을 수 있었다.

그해 늦여름이었다. 그날은 고깃배가 한 척도 들어오지 않아 해질 무렵까지 탈탈 굶고 있었다. 마루 끝에 배를 깔고 누운 채 너무 배가 고파 한사코 눈이 감기려는 내 시야에 텃밭의 탐스러운 피마자 열매가 파고들었다. 옳거니 저 피마자 열매를 따서 볶아 먹으면 되겠구나 싶은 생각에 나는 동생과 함께 바가지를 들고 몰래 남의 텃밭에 들어가 피마자 열매를 한 바가지 훑어 가지고 와서 볶아 먹었다. 그리고 그날 밤 동생과 나는 한잠도 잠을 못 자고 번갈아 가면서 배를 움켜쥐고 뒷간엘 들락거렸다. 물론 부모님께는 피마자 열매를 볶아 먹었다는 말은 하지 않았다. 밤새도록 설사를 한 탓으로 손가락 하나 움직일 수 없을 정도로 탈진한 우리 형제는 다음 날에도 바다에 나가 모래밭에 엎드려 하염없이 고깃배를 기다려야만 했다.

나는 어른이 된 후에야 피마자 열매 기름이 관장제나 설사약으로 쓰인다는 것을 알았다. 그 무렵에는 집집마다 텃밭이나 울타리 옆에 아주까리라고도 하는 피마자를 심었다. 농사꾼 아낙들이 피마자 열매로 기름을 짜서 비싼 동백기름 대신 머리에 발랐다. 또 어린잎은 쌈을 싸 먹었는가 하면 정월 보름날이면 김 대신 마른 피마자 잎으로 찰밥을 싸서 먹기도 했다.

요즘 내가 울컥한 마음에 자주 바다로 달려가는 것은 어쩌면 궁핍했던 그 시절의 나를 되돌아보기 위해서인지도 모르겠다. 늘 배가 고팠고 세상이 두렵기만 했던 유년의 바다가 미치게 그리울 때가 있다. 기실은 그 시절의 내가 그리운 것인지도 모른다. 그 시절의 내가 그리울 때마다 비가 내리는 날 피마자 잎을 따 머리에 덮고 논둑길을 달려 보고 싶다. 피마자 열매를 볶아 먹고 내 배 속과 뇌에 가득 들어찬 자본주의의 기름을 깡그리 훑어 내고 싶다. 그래야만 세파에 오염된 마음이 깨끗해질 것만 같다. 그러나 지금 어디에서 피마자를 구할 수가 있겠는가. 그리고 요즘 피마자에 대해 아는 사람이 얼마나 있겠는가. 할 수만 있다면 가난했던 그 시절로 돌아가고 싶다.

꽃을 먹고 살던 때가 그립다

요즘 젊은이들이 가장 듣기 싫은 말이 어른들의 굶주렸던 시절의 이야기라고 한다. "내가 너만 했을 때는 너무 배가 고파서 술찌끼로 배를 채우거나 진달래꽃을 따 먹고 허기를 이겨 냈단다"라고 말을 꺼낼라 치면, 아이들은 "또 그 소리"냐며 귀를 막아 버린다는 것이다. 어떤 아이는 "식량이 없으면 라면이나 햄버거를 먹으면 될 것이 아니냐"면서 아버지나 할아버지 세대의 배고팠던 시절을 이해하지 못한다고 한다.

몇 년 전인가, 나도 우리 아이들한테 아버지가 굶주리며 살았던 시절을 기억하기 위해, 우리 식구들이 일 년에 한 번만이라도 개떡으로 끼니를 때우면 어떻겠느냐고 물어보았었다. 물론 아이들은 깜짝 놀라며 반대를 했다. 우리 아이들도 아버지의 배고팠던 시절에 대해 냉담했다. 나는 그런 아이들을 보면서 왠지 모르게 마음 한구석이 저려 왔다.

밥과 약이 세상에서 가장 먹기 싫다는 결과가 나왔다고 한다. 밥이 먹기 싫은 아이들, 밥 대신 피자나 아이스크림을 먹고 싶다는 아이들에게, 할아버지 세대의 배고픈 서러움은 마치 호랑이 담배 먹는 이야기만큼이나 실감이 나지 않을 것이고 듣기 싫은 이야기일지도 모른다.

그런데도 나는 왜 자꾸만 배고팠던 시절을 이야기하고 싶은 걸까. 배고팠던 서러움이 한이 맺혀서일까. 어쩌면 배부른 지금의 나보다 훨씬 더 순수하고 인간적이었던, 배고팠던 시절의 나를 그리워하고 있기 때문인지도 모른다. 암튼 나는 또 배고팠던 시절을 이야기하고자 한다.

언젠가 고향 친구들이 모여 저녁을 함께 먹은 일이 있었다. 그런데 놀라운 것은 반찬이 상에 놓이기가 바쁘게 저마다 부리나케 젓가락질을 하기 시작했고 막상 밥이 들어왔을 때에도 반찬이 바닥나고 말았다. 더욱 놀란 것은 모두들 순식간에 밥그릇을 뚝딱 비운 것이었다. 깨작거리는 사람 하나 없이, 누가 빼앗아 먹기라도 할 것처럼 허겁지겁 숟가락질을 해 댔다. 그렇다고 그 친구들이 가난하게 살고 있는 것도 아니다. 이제는 자식들 다 결혼시키고 손주 응석 받아 주며 느긋하게 살고 있는 친구들이었다. 그들은 너무 빨리 밥을 먹어 치운 것이 약간 겸연쩍은 듯한 눈길로 서로의 얼굴을 번갈아 쳐다보면서 멋쩍게 히죽이 웃었다.

"우덜이 어렸을 적으 눈칫밥을 너머 많이 묵어 싸서 군대식으로다가 속식을 허는 거여. 밥을 빨리 묵으면 위가 나쁘다는디, 워너니 훈련이 잘 되야서 그런지 암시랑토 안 허드만."

그 말에 한바탕 웃었다. 그리고 웃음이 걷힌 모두의 얼굴에 배고팠던 시절의 암울한 추억의 그림자가 얼핏 스쳤다. 어렸을 때 눈칫밥을 많이 먹은 탓으로 속식을 하게 되었다는 그 말이 가슴을 울렸다. 그 시절, 공비 토벌 작전지역이라는 이유로 소개(疏開)를 당해, 농사도 못 짓고 타관에 나가 친척 집으로 가족이 찢겨져서 살게 된 터라, 얼마나 눈칫밥을 먹었겠는가. 나 역시 3년 동안이나 외가 살이를 해야만 했다. 소 먹일 꼴을 베어다 주고 얻어먹은 밥이었지만 눈칫밥일 수밖에 없었다. 밥을 조금만 늦게 먹어도 "양식도 없는듸 저놈은 무신 밥을 저리도 많이 퍼묵는다냐" 하면서 외삼촌의 불호령이 떨어지곤 했다. 그 것이 무서워서 정신없이 밥을 먹어야만 했다. 외삼촌이 나를 미워하신 것은 아니었다. 성질이 그랬다. 암튼 그때 나는 밥을 먹는 것이 아니라 그냥 위 속으로 퍼 넣는 것이었다. 그러나 그 눈칫밥이 없었더라면 나는 굶어 죽었을지도 모른다. 그 시절은 우리 모두가 살아남기 위해 돼지처럼 먹을 것만을 생각했다. 다른 것은 꿈꿀 여유가 없었다. 오죽했으면 어른들은 아이들에게 배꺼진다고 뛰지도 못하게 했겠는가.

그 무렵 우리는 밥만으로 배를 채울 수가 없었다. 우리가 살아남을 수 있었던 것은 나무와 풀 때문이었다.

딱주 묵고 딱 엎저서
삐비 묵고 +해서
아그배 묵고 아기배서
나숭개 묵고 낳았다네

우리들은 노래까지도 이렇게 불렀다. 딱주는 더덕이 아닌가 싶고, 삐비는 띠풀이라고도 하는 삘기이고 나숭개는 냉이가 아닌가 한다. 아이들은 주로 띠풀의 어린잎을 먹으면서 이 노래를 불렀다.

초근목피(草根木皮)가 우리를 살렸다. 그 무렵 우리는 굶어 죽지 않으려고 산과 들에서 풀뿌리며 나무 열매, 꽃들까지도 따 먹었다. 날것으로 먹는 것만 해도 수없이 많았다. 봄에는 찔레 순이며 송기(松肌), 느릅나무 잎, 칡뿌리, 더덕, 도라지 뿌리를 먹을 수 있었다. 여름에는 또 버찌, 팽, 오디, 산딸기, 꾸지뽕 열매, 개똥참외, 무명다래, 앵두, 자두, 머루, 살구를 따 먹었다. 마을 근처에서는 텃밭에 숨어 들어가 오이나 가지를 따 먹기도 했다. 어른들은 가지를 따 먹으면 혓바늘이 돋고 부스럼이 난다고 했으나 배가 고픈 우리들에게 혓바늘이나 부스럼은 아무것도 아니었다. 어차피 우리들의 얼굴과 머리에는 부스럼과 기계독이 올라 있었기 때문이었다. 우리는 가지를 사마귀에 대고 문지르며 "사마귀야, 사마귀야, 까지한테로 옮겨 가거라"라고 세 번 외우곤 했다. 그러면 사마귀가 떨어진다고 믿었다. 어른들은 또 텃밭이나 콩밭 모퉁이에 가지가 익을 무렵이면 "며느리까지 못 따 묵게 해가 금방 넘어간다"고 했다. 며느리들이 시어머니 등살에 얼마나 배가 고팠으면 가지로 배를 채웠길래 이런 말이 나왔을까. 지금 보아도 자주색 가지 꽃은 앙증맞도록 곱다. 옛날에는 가지 꽃이 많이 피면 가뭄이 든다고 했다.

추석 무렵 산에 올라가면 먹을 것이 지천으로 널려 있게 마련이었다. 장구밥 열매, 아그배, 고욤 따위는 쳐다보지도 않았다. 밤, 다래, 으름이 가장 인기가 있었고, 파리똥, 산복숭아, 깨금도 먹을 만했다. 개암 또는 산반율, 진율이라고도 하는 깨금은 도깨비를 쫓았다는 그 열매다. 옛날 나무꾼 형제가 나무를 하러 산에 갔다가 도깨비를 만나 대들보에 숨어 있었는데, 깨금을 깨물자 놀라 도깨비들이 도망쳤다는 이야기다. 이때부터 깨금이 부럼에 끼게 되었다고도 한다. 깨금 기름은 아주 고급 등불 기름으로 잡귀를 쫓는다 하여 양반들이나 썼다.

배가 고파서 아름다운 꽃을 따 먹을 때는 기분이 묘했다. 아카시아나 조팝꽃을 먹을 때보다 분홍의 진달래, 보라색 칡꽃, 적황색의 골담초 꽃을 따 먹을 때 기분이 더 이상했다. 진달래, 아카시아, 칡꽃, 골단초꽃, 조팝꽃을 따 먹었고 감나무 밑에 후북하게 떨어져 있는 감또개도 주워 먹었다.

가난한 사람은 어른들도 아카시아나 조팝꽃을 따 먹었다. 식량이 없어 초근목피로 목줄 지탱하며 사는 가난한 집 어머니는 너무 배가 고팠다. 쑥버무리마저 남편과 아이들에게 주고 나니 먹을 것이 없었던 것이다. 어머니는 바가지에다 아카시아 꽃을 가득 따 가지고 와서 손으로 허겁지겁 집어먹고 있는데 아들이 들어왔다. 어머니는 부끄러워서 얼른 꽃 바가지를 숨겼다. 그런데 아들은 어머니 혼자만 쌀밥을 해서 먹는 것으로 오해하고 쌀밥 먹고 싶다고 떼를 썼다. 그러자 어머니가 꽃 바가지를 들어 허공에 뿌렸다. 아카시아 꽃이 후루루 날렸다. 이것을 본 아들이 더욱 서럽게 울었다. 흔히 볼 수 있었던 일이다. 필자는 조팝꽃 먹는 어머니의 이야기를 〈그리운 조팝꽃〉이라는 단편소설로 쓴 적이 있다.

어찌 보면 그 시절 우리들이 굶주림을 덜기 위해 먹었던 것들은 몸에 좋은 보약들이다. 우리가 궁핍과 고통의 시대를 겪고 살아남을 수 있었던 것도 따지고 보면 그 시절 몸에 좋은 초근목피나 나무 열매를 많이 먹었기 때문인지도 모른다. 그런 점에서, 몸에 해로운 인스턴트식품만을 먹고 자라는 요즘의 아이들이 참 불쌍하다. 불량 식품에 오염된 것들을 먹고 자란 우리 아이들이 어른이 되었을 때, 육체적으로나 정신적으로 얼마나 건강하게 살 수 있을지 걱정이다.

배고픈 사람들이 가장 참기 어려운 때가 보릿고개 무렵이었다. 너무 굶주려 부황이 들어 죽는 사람이 많았다. 우리들은 감자 꽃이 피기만을 기다려야만 했다. 감자 꽃이 피면 감자를 캐 먹고 배고픔을 덜 수가 있었기 때문이다. 그 시절 감자 꽃 피

기를 기다렸던 마음을 다시 떠올리며 '감자꽃'이라는 시를 써
보았다.

　　5월은 해마다 배가 고프다

　　감자 꽃이 피기를 기다리며

　　온종일 잠을 잤다

　　꿈속에서 감자 꽃 같은 흰 날개를 달고

　　하늘로 가볍게 솟아올랐다

　　굶어 죽은 누이를 생각하며

　　잠에서 깨어나서도

　　풍선처럼 가볍게 날아올랐다

　　산다는 것은 배가 고픈 것이거나

　　진종일 잠을 자는 것

　　하루에도 수백 번씩

　　배고파 죽는 꿈을 꾸었던 시절

　　5월이면 배가 고팠던 그 시절이

　　자꾸 그립다

　　지금도 남보랏빛 감자 꽃만 보면 그 시절이 생각난다. 감자

꽃이 필 때가 되면 비로소 살았구나 하고 깊은 한숨을 몰아쉬었던 사람들. 그들은 지금도 아주 작고 보잘것없지만 이 지상에서 가장 아름다운 감자 꽃을 그리워하며 산다.

한때 배고프게 살았던 사람들은 이제 배고프지 않을지도 모른다. 배고팠던 그 서러움의 경험으로 하여 마음이 넉넉해졌으므로, 그 서러움이 오늘을 배부르게 만들고 있으므로.

2장

아름다운 기억의 시간들

복사꽃 필 때 똥을 푸다

내가 자랄 때 복사꽃의 꽃물결이 한창 일렁일 무렵이면 똥구린내가 온 마을을 덮치곤 했다. 이 무렵에는 집집마다 판자에 대오리 태를 돌려 만든 똥장군으로 뒷간의 똥을 퍼 나르기에 바빴다. 그즈음 할머니께서는 "복사꽃 피었응께 냉큼 똥 퍼야겄다"며 아버지를 채근하셨다.

분뇨(糞尿)와 퇴비(堆肥)는 농가에서 최상의 거름이었다. 농사꾼들은 한여름이면 풀을 베어 두엄을 만들었고 복사꽃이 피는 초봄에는 겨우내 똥통을 가득 채운 인분을 퍼서 발효시켰다.

해동이 되면 마을 앞에 똥구덩이를 파 놓고 인분을 채웠다. 인분을 흙구덩이 안에서 햇볕과 바람과 적당하게 버물리어 발효시키기 위해서였다. 독한 인분을 그대로 준 채소를 먹으면 채독증에 걸리기 때문에, 충분히 발효시킨 다음에야 거름으로 사용했다. 그래서 복사꽃 필 무렵이면 농촌 마을 어디를 가나 똥장군으로 똥을 푸느라, 똥 구린내가 진동했다. 그래도 사람들은 똥 구린내 때문에 얼굴을 찡그리지도 코를 틀어막지도 않았다. 사람들은 아무렇지도 않게, 똥 구린내를 예사로 맡으며 살았다. 복사꽃 필 무렵이면 으레 그 냄새가 나겠거니 했다. 똥 구린내도 봄의 냄새로 받아들였다.

그런데 왜 복사꽃 필 때 똥을 폈을까. 복사꽃 필 무렵이면 겨우내 꽁꽁 얼어붙었던 얼음이 풀리는 시기이다. 해동이 되어 똥 덩어리가 녹아야 똥바가지로 쉽게 퍼낼 수가 있었던 것이다. 또한 복사꽃이 지고 나면 날씨가 따뜻해져서 파리가 극성을 부리게 마련이다. 그래서 조금은 쌀쌀한 기운이 남아 있을 때 똥을 퍼야 파리 떼가 엉겨 붙지 않았다. 무엇보다 중요한 것은 복사꽃 향기가 똥 구린내를 조금은 희석시켜 주는, 가장 좋은 시기였던 것이다. 복사꽃과 똥 구린내의 적절한 조화로움을 생각한 것이다.

똥을 퍼낸 후 한동안은 뒷간에 가는 것이 무척 고역이다. 똥 덩이를 퍼낸 똥통에는 다시 지린내와 버캐 냄새를 피웠던 오줌통의 오줌을 똥통에 부어 넣게 마련이다. 그 때문에 대변을 볼 때마다 오줌 똥물이 튕겨 올라 엉덩이를 적시곤 했다. 오줌 똥물을 피하기 위해서는 똥 덩이가 떨어지기 전에 재빠르게 엉덩이를 들어 올려야만 했는데 그게 여간 신경이 쓰였다.

옛 사람들은 똥을 조금도 더럽게 여기지 않았다. "자기 똥 삼 년 안 먹으면 굶어 죽는다"는 말까지 있다. 아이들이 밖에서 놀다가도 똥이 마려우면 아무리 멀어도 반드시 집까지 달려가서 볼일을 보았다. 아침이면 오쟁이를 들고 고샅을 다니며 개똥을 주어 오기도 했다.

부황이 들어 죽는 사람이 많을 만큼 궁핍한 시절이라, 개는 밥 구경도 못하고 주로 아기의 똥만 먹고 자랐다. 내가 오줌똥을 제대로 가리지 못하던 무렵이었다. 똥이 마렵다고 하면 할머니는 서둘러 워리(개를 부르는 말)부터 부르셨다. 워리는 주둥이를 내 가랑이 사이로 바짝 들이대고 연신 꼬리를 돌리며 단숨에 그것을 먹어 치우고 나서 엉덩이까지 혀로 싹싹 핥아 대곤 했다.

"진수성찬이나 보리 개떡이나 입에 들어가면 다 똥이 되는

겨."

보리 개떡이 먹기 싫다고 떼를 쓸 때마다 할머니가 입버릇처럼 하셨던 말이 내 머릿속에서 자꾸만 부스럭거린다.

지금도 연분홍 치마가 봄바람에 나부끼듯, 복사꽃이 흐드러지게 필 무렵이면 똥 푸던 때가 생각난다. 그리고 가끔은 복사꽃 향기와 함께, 봄날 햇볕 속에서 잘 발효된 똥 구린내가 그립다. 똥을 더러운 것으로만 생각하지 않게 되는 날, 사람의 아름답고 깨끗한 본디 마음을 되찾을 수 있을지도 모르겠다.

배추 잎에 똥 싸 먹다

초학(하루거리)에 걸리면 배추 잎에 똥을 싸 먹던 시절이 있었다. 말라리아의 일종인 초학에 걸리면 하루 걸러 고열과 오한으로 시달려야만 했다. 학질 치료제로 염산 키니네인 '금계랍'이 있기는 했으나 시골에서는 약국이 없던 터라 쉽게 구할 수가 없었다. 그래서 산골에서는 파란 배추 잎에 황금빛 똥을 싸 먹는 것이 고작이었다. 나이 어린 환자는 배추 잎 속에 똥이 들어 있다는 사실을 모르고 먹었지만 어른들의 경우는 대부분 알고 있었다. 왜 학질에 똥을 먹였는지는 잘 모르겠다. 우리말에, 간

신히 곤혹스러움에서 벗어났을 때 '학질을 떼다' 라고 할 만큼, 초학에 걸리면 상당 기간 동안 아주 심한 고통을 앓았다. 그 때문에 학질을 떼려면 환자에게 무섬증을 주거나 가장 더러운 것을 먹여야 나을 수 있다고 믿었었는지 모른다.

그 시절에는 아무리 아파도 병원에 가는 것은 엄두도 못 냈다. 교통이 불편한 시골에서는 읍이나 면 소재지까지 가서 한의원의 진료받는 것도 쉽지가 않았다. 병이 들면 나을 때까지 누워서 앓거나, 담방 약(민간약)을 쓰는 게 고작이었다. 넘어져서 무릎이 깨지면 흙을 집어 발랐고, 칼에 손가락을 베면 담배를, 상처가 곪아 터질 정도가 되면 솥 껌정이를 발랐다. 된장은 박이 터질 정도로 상처가 심한 경우에나 발랐으며 살이 곪으면 소금물에 절였다. 지혈제로는 구절초, 부기를 빼는 데는 호박, 손발 저리는 데는 토란을 으깨 발랐다. 설사를 하면 쑥을 달여 먹었고, 빈혈로 어지럼증이 생기면 지렁이를 고아 먹었다.

이 무렵에는 집집마다 텃밭에 양귀비 몇 포기쯤은 재배하였다. 진홍빛 꽃이 너무 아름다워 화초로 재배하기도 했다. 가을이면 양귀비를 줄기째 베어다 벽에 걸어 놓고 상시 약으로 썼다. 양귀비가 상비약인 셈이었다. 어지간한 병에는 양귀비를 달여 먹으면 씻은 듯이 나았다. 양귀비가 마약이라는 사실조차 몰랐고 그게 중독된다는 사실은 더더욱 몰랐다. 그만큼 약에 대해서는 무지했다. 하기야 그 시절에는 초등학교 아이들이 운동장에서 뼈를 튼튼하게 해 준다고 쌀알 크기의 흰 돌을 산돌이라면서 주워 먹었으니 더 말해서 무엇하랴.

나는 횟배(거위배)를 앓고 휘발유를 먹었던 것을 생각하면 지금도 진저리가 쳐진다. 기생충 약이 없던 때라 아이들은 말할 나위 없고 어른들까지도 횟배를 많이 앓았다. 회충이 많아 아이들의 얼굴빛은 언제나 누렇게 떠 있게 마련이었다. 회충이 구물구물 산채로 대변에 섞여 나오는 것은 흔한 일이었고 심하면 콧구멍으로 기어 나온 경우도 많았다.

기생충 약을 먹게 된 것은 초등학교에 들어가면서부터였다. 기생충 약을 먹으러 가는 날은 소풍가는 것처럼 마냥 즐거웠다. 일 년에 한 번씩, 벚꽃이 찢어지게 필 때쯤이면, 전교생이 한 줄로 길게 줄을 서서 교가를 부르며 재 너머 큰집 학교(우리 학교는 분교였다)로 기생충 약을 먹으러 가곤 했다. 우리들은 미역국처럼 느끼한 해초 국을 한 바가지씩 얻어먹고 돌아왔다. 그 후부터는 횟배앓이를 하지 않았다.

횟배앓이가 얼마나 고통스러운지 앓아 본 사람이 아니면 모른다. 횟배앓이는 창자를 쥐어짜고 호비칼로 뱃속을 후비는 것처럼 통증이 심했다. 그럴 때면 배를 움켜쥐고 방 안 네 구석을 떼굴떼굴 굴렀다. 이럴 때를 대비해서 집집마다 휘발유 병을 준비해 놓고 있었다. 나는 횟배를 앓을 때마다 휘발유를 한 숟가락씩 먹었다. 휘발유를 먹으면 씻은 듯이 배가 가라앉았다.

큰 병을 앓고 나서 빈혈이 되어 어지럼증이 있고 입맛이 뚝 떨어질 때는 익모초 즙을 먹었다. 익모초 즙은 소태보다 더 썼다. 내 기억에는 이 세상에서 가장 쓴 맛이 익모초 맛이 아닌가 한다. 그런데 신기한 것은 익모초 즙을 먹고 나면 밥맛이 돌아오고 기력이 살아나곤 했다. 나는 지금 익모초 즙이 먹고 싶다. 쓰디쓴 익모초 즙을 한 대접 들이켜고 번쩍 정신을 차리고 싶다.

고무줄 새총과 참새 사냥

유년 시절 내가 가장 갖고 싶은 것이 세 가지가 있었다. 고무줄 새총, 주머니칼, 난초꽃 그림의 필통이 그것이다. 고무줄 새총으로 참새 사냥을 하고 싶었고 붕어 모양의 칼집이 있는 주머니칼을 가지고 다니면 무서울 것이 없을 것 같았다. 그리고 필통을 가진 친구들이 책보를 허리에 메고 달릴 때마다 필통 속에서 몽당연필이 달그락거리는 소리가 그렇게도 듣기에 좋았다.

나는 그중에서도 새총이 가장 갖고 싶었다. Y자 모양의 나뭇가지에 고무줄을 묶고 부드러운 가죽 쌈지에 돌을 끼운 다음, 한쪽 눈을 지그시 감고 목표를 겨냥한 후 힘껏 고무줄을 잡아당겼다가 놓는 순간, 탱자나무 울타리에 앉았던 참새가 찍소리와 함께 땅에 떨어지는 모습을 수없이 상상했다. 나는 새총으로 참새 잡는 꿈까지 꾸었다. 드디어 그렇게 소원이었던 새총을 갖게 되었다. 우리 마을 아이들이 탐냈던 또바우의 생고무 새총이 드디어 내 손에 들어온 것이다. 두겁다리 옆 샘 거리에서 또바우가 쥐똥나무에 앉은 참새를 겨냥했던 것이 그만 또바우 누님의 물동이에 맞았다. 물동이는 박살이 났으며 또바우 누님은 물벼락을 맞고 기겁하여 쓰러지고 말았다. 이 일로 또바우는 새총을 갖고 놀 수가 없었고 나는 이 기회를 틈타 삼촌의 라이터를 훔쳐 새총과 바꾼 것이었다.

막상 새총을 손에 쥐긴 했지만 참새 사냥을 하는 건 그리 쉽지가 않았다. 참새 사냥이 안 되자 괜히 짜증까지 났다. 그때 깨달은 건 그렇게도 갖고 싶었었던 것을 막상 손에 넣게 되었는데도 조금 시간이 흐르자 그 충격적인 감격은 어느새 사라지고, 그 물건에 대한 애착도 이내 줄어들더라는 것이었다. 아무리 소중한 것이라고 해도 그것을 잘 다루지 못하게 되면 오히려 짐이 된다는 사실을 알았다. 더욱이 내가 훔친 삼촌의 라이터와 바꿨으니 얼마나 불안했겠는가.

그때만 해도 고무줄 새총은 사내아이들한테 인기 있는 장난감이었고 유일한 사냥 무기였다. 그 시절, 아이들 어른 할 것 없이 참새 사냥에 열을 올렸던 것은 기름기를 먹을 수 없는 농촌 아이들에게 유일한 단백질 공급 수단이 되었기 때문이기도 했다. 특히 겨울 참새고기는 보양에 좋다고 했으며, 참새 알은 아이들에게 약이 된다고 하여 즐겨 먹었다. 어른들은 작라(雀羅)라고 하는 새그물로 참새를 잡았다. 새그물이 없으면 창애로 참새 사냥을 했다. 참새 창애에는 여러 가지 기구를 썼다. 마당에 덫을 놓기도 했다. 소쿠리나 지게에 얹고 다닌 발채, 평상 같은 것을 놓아 가느다란 막대기를 괴어 줄을 묶고, 곡식을 뿌려 유인한 다음 숨어 있다가 참새가 덫 안에 들어오기를 기다려 줄을 잡아당기면 한꺼번에 여러 마리를 잡을 수 있었다.

겨울밤에 처마 밑구멍에 손을 넣어 잠든 참새를 잡기도 했다. 참새 알을 훔치거나 참새를 잡기 위해 사다리를 타고 처마에 올라 참새 집에 손을 넣었다가 구렁이를 만지게 되어 기겁을 하고 낙상하는 일도 종종 있었다. 처마밑 참새 집에는 구렁이가 들어 있는 경우가 많았다.

참새고기 한 점은 쇠고기 열 점 하고도 안 바꾼다고 한다.

들척지근하게 씹히는 그 맛이 참으로 희한하다. 참새고기가 먹고 싶다. 왜 나이가 들수록 유년 시절에 즐겨 먹었던 음식이 다시 먹고 싶고, 유년 시절에 갖고 놀았던 것을 다시 가져 보고 싶은 건지 모르겠다. 지금 이 순간, 새총 고무줄을 힘껏 잡아당겨 내 생애 마지막 과녁을 멋지게 맞춰 보고 싶다.

s누나, b오빠

동기간이라고는 두 살 터울의 남동생 하나뿐인 나는 누님이 있는 친구들이 늘 부러웠다. 누님이 있는 친구들은 입성부터가 달랐다. 추운 겨울에는 뜨개질한 목도리나 털장갑을 끼고 다녔고 여름이면 손톱에 진홍빛 봉숭아 물을 들이기도 했는데, 나는 그게 그렇게도 부러울 수가 없었다. 더욱이 우리 어머니는 온종일 들에서 일만 하셨기에 언제나 몸에서 시지근한 땀 냄새가 진동했기에, 동백기름 냄새 솔솔 풍기는 누님이 있었으면 싶었다.
고등학교 때 나는 그렇게도 소원이었던 s누나를 갖게 되었다. 부모님들이 내 뒷바라지를 위해 광주로 옮겨 와, 문간채 단 칸 월세 방을 얻어 네 식구가 오불오불 함께 붙어살게 되었을 때였다. 이사 간 다음 날 저녁, 쪽 마당으로 손바닥만 한 봉창이 난 앞집의 건넌방에서 맑고 카랑카랑한 목소리의 노랫소리가 들려왔다. 내가 좋아하던 '동심초'였다. 노래를 부르는 여자가 누구일까 무척 궁금했다. 나는 목소리의 주인공을 머릿속에 그 려 보느라 밤새도록 잠을 이루지 못하고 뒤척였다. 그리고 다음 날 아침, 대문 밖에서 기다리고 있다가 앞집에서 나오는 교복 차림의 여학생을 발견했다. 나보다 2학년이 위인 사범학교 학 생이라는 것도 알았다. 며칠 후, 이름을 알아낸 나는 s누나를 삼고 싶다는 간절한 내용의 편지를 보냈다. 그녀는 답장 대신 조카를 시켜서 나를 집으로 초대하여 가족들을 소개하고 저녁 까지 대접했다. 그 후로도 그녀는 가끔 나를 집으로 초대해서 차를 끓여 주었고 과자나 과일 등 먹을 것을 내놓기도 했다. 남 의 집 문간채 단칸방에서 온 식구가 뒤엉켜 살고 있는 내 처지 를 불쌍하게 보았는지 몰랐다.

이듬해 봄에 그녀는 졸업을 하고 발령을 받아 먼 시골로 떠 났고 나 역시 이사를 한 탓으로 우리는 다시 만나지 못했다. 집 밖에서 단둘이 만나 오붓한 시간을 갖거나 살가운 목소리로 누

님이라 불러 본 적이 단 한 번도 없었지만, 처음 가져보게 된 s
누나에 대한 깊은 정을 오래도록 잊지 못했다.

그 시절에는 청소년들이 s누나(sister에서 비롯), s동생, b오
빠(brother에서 비롯), b동생 삼는 것이 유행했다. 6·25의 상처
가 너무 커서 외롭고 궁핍했던 시절이라 누군가와 정을 나누고
서로 의지하고 싶었기 때문인지도 몰랐다. 외롭고 가난했던 시절
에 서로 위안이 되어 주고 따뜻한 정을 느낄 수 있다는 것은 절망
과 고통을 견뎌 낼 수 있는 힘의 원천이 되어 주기도 했었다.

s누나 전 세대에서는 의자매, 의형제가 유행하기도 했다.
이성 간의 교제가 엄격하게 통제되었던 그 시절에는 의남매를
맺는 경우는 드물었기 때문에 동성끼리의 결연만이 가능했었
다. 의자매나 의형제를 맺을 때는 팔뚝 안쪽에 먹물을 적신 실
과 바늘로 검은 점의 문신을 떠서 영원히 변치 말자는 약속과
함께 흔적으로 남겼다.

누군가를 믿고 정을 느끼며 사는 세상은 참으로 아름답다.
서로 믿고 따뜻한 정을 나누는 것이야말로 가장 인간다움이 아
니겠는가. 삶이 캡슐화되고 인간관계가 파편화된 요즘, s누나
와 의형제 맺기를 되살려, 닫힌 세상과의 소통의 길을 활짝 넓
혔으면 싶다.

콩 볶아 먹는 날

옛날 사람들은 무슨 날만 되면 푸짐하게 음식을 장만하여 이웃과 서로 나눠 먹기를 좋아했던 것 같다. 어쩌다 닭 한 마리를 잡을라치면 가마솥에 물을 가득 붓고 미역국을 끓여 수십 명이 나눠 먹곤 하였다. 고기 맛보기가 어려웠던 때라, 목구멍에 기름칠이라도 하자는 것이었을 게다. 또 그 시절에는 먹을 것이 많지 않던 때라 자꾸 먹을거리 빌미를 만들었는지 모를 일이다. 정월 초하루 떡국을 먹어야 나이 한 살을 더 먹게 된다는 것도 그렇고, 보름날에 찰밥, 화전 날 꽃전, 복날 보신탕, 호미 씻는 날 추어탕, 칠석날 호박 부침개, 한가윗날 송편, 동짓날 팥죽 등.

음력 2월 초하룻날은 콩 볶아 먹는 날이다. 이날은 집집마다 콩을 볶느라 고소한 냄새가 진동했다. 나 어릴 적에는 콩을 볶아 조끼 주머니나 할머니가 만들어 준 색동 주머니에 가득 넣고 다니면서 먹었다. 쥐의 눈처럼 검고 알이 굵은 콩을 좋아하여 검은콩 하나에 흰콩 두 개씩 바꿔 먹었다. 콩 한 개를 여러 쪽으로 나눠 먹으면서 우정을 다지기도 했다. "콩 한쪽도 열 명이 나눠 먹는다"는 말을 그대로 실천한 셈이다. 콩 하나를 조각을 내어 나눠 먹는 것이 더 재미있고 고소한 맛도 좋았던 것 같다. 그 때문인지 어쩌다 눈깔사탕이나 비과 같은 과자를 손에 넣게 된 경우에도 친구들을 불러 모아 조각을 내서 나눠 먹곤 했다.

또 볶은 콩을 엿으로 버무려 뭉친 강정이나, 멥쌀가루에 콩을 섞어 켜를 짓지 않고 찐 콩 버무리 맛도 일품이다. 콩 기름을 짜고 남은 찌끼인 콩깻묵도 두박(豆粕)이라 하여 잘 먹었다. 볶은 콩을 가루로 만들어 밥에 비벼 먹기도 했다. 콩고물 밥은 맛이 고소하고 달짝지근하여 반찬 없이도 먹었다. 특히 아이들은 콩고물 밥을 좋아했다. 요즘처럼 과자나 사탕이 없던 시절이라, 볶은 콩은 어른 아이들 할 것 없이 가장 좋아하는 주전부리였다. 그러나 볶은 콩도 적당히 먹어야지 너무 많이 먹으면 설사하는 경우가 많았다.

옛날 사람들은 왜 2월 초하룻날을 '콩 볶아 먹는 날'로 정했을까. 그 시절에는 기나긴 겨울 춥고 배고파 부황(浮黃)든 사람들이 많았다. '홀태 밑이 달랑거린다'는 말대로, 벼를 훑어 도조(賭租) 등 이것저것 무납을 물고 나면 눈이 오기도 전에 식량이 바닥나곤 했다. 밤은 길고 배는 고프고 눈만 감으면 스르르 잠이 쏟아지는 기나긴 겨울. 그래서 배가 고픈 겨울에는 사람도 동면을 한다고 했다. 먹을 것이 없는 겨울, 가난한 사람들은 영양실조에 걸리게 마련이었다. 그래서 겨울의 끝자락에 단백질 보충이 필요했는지도 몰랐다.

콩은 우리 민족에 중심이 되는 곡식이다. 된장, 간장, 콩자반, 콩나물, 두부 등 우리 음식에서 콩이 차지하는 비중은 매우 크다. 육류를 자주 먹을 수 없었던 시절에는 콩을 많이 먹었다. 그래서 콩을 밭에서 나는 고기라고 하지 않았는가. 궁핍했던 시절 콩이 우리 민족의 건강을 지탱해 준 것이다.

'콩 끼 난다'라는 말이 있다. 말이 기운이 넘쳐 잘 달리거나, 얼굴이 반지르르한 사람을 보고 하는 말이다. 콩을 많이 먹으면 말은 기운이 세지고 사람은 얼굴에 윤기가 돈다고 했다.

　콩 볶아 먹는 날은 머슴날이기도 하다. 요즘 같으면 근로자의 날에 해당한다. 이날 하루 머슴들은 아무 일도 하지 않고 편히 쉰다. 주인이 만들어 준 새 옷을 입고 볶은 콩을 먹으면서 느긋하게 논다. 콩 볶아 먹는 날과 머슴날을 같은 날로 정한 것은 이유가 있다. 봄 농사를 대비하여 머슴들에게 영양과 휴식을 동시에 주기 위한 아름다운 지혜인 것이다.

마을 축제와 신파극

축제는 아름답다. 흩어진 마음들을 꽃다발처럼 하나로 묶어 내기 때문이다. 가난한 사람들의 축제는 더욱 아름답다. 가진 자와 못 가진 자의 갈등을 허물고 나눔의 대동 세상이 되기 때문이다. 텔레비전은 물론 영화관도 없었던 시절, 마을에서 함께 즐기는 축제가 잇따라 열렸다. 그들은 비록 가난했지만 즐길 줄 아는 신명과 넉넉한 여유로움이 있었다. 마을 축제는 주로 한 해 농사의 갈무리가 다 끝난 농한기에 집중되었다.

설달그믐부터 시작된 걸립패의 마당굿은 집집마다 돌아가

면서 1월 한 달 내내 이어졌다. 2월 초하룻날은 머슴날이라고
하여 머슴들에게 새 옷을 지어 주고 콩을 볶아 먹으면서 하루를
놀게 했다. 산에 진달래가 타오르듯 피는 3월에는 화전놀이로
북, 장구 소리가 산천을 울렸고, 4월 초파일에는 아낙들이 꽃단
장하고 줄을 지어 절집으로 모여들었다. 5월 단오에는 창포에
머리 감은 여인네들이 그네 줄에 매달려 땅을 박차고 새처럼 자
유롭게 창공으로 날아올랐다. 부지깽이도 한몫하려고 덤벙거린
다는 6월과 7월에는 유두와 칠석이 있다. 이날은 양식이 없으
면 호박 부침개라도 부쳐서 이웃과 나눠 먹었다. 햇곡식이 나는
8월 한가위에는 가난한 사람들의 허기진 배가 오랜만에 보름달
처럼 한껏 부풀어 올랐다. 이날은 음식을 푸짐하게 장만하고 남
자들은 씨름을, 여자들은 달빛 아래서 밤새도록 강강술래를 하
면서 놀았다. 9월에는 구구절이, 11월에는 동짓날이 있다.

이처럼 마을 사람들은 크고 작은 명절마다 한데 어울리며
즐겼다. 옛사람들이 달마다 명절을 만든 이유는 삶에 지친 사람
들이 서로를 위로하고 맺힌 한을 풀기 위해서였는지 모른다. 축
제는 흥겨운 한 판 해한(解恨)의 마당이었다. 우리 민족은 한도
많았지만 신명도 많았다. 신명으로 맺힌 한을 풀며 살았다.

내가 가장 기다렸던 마을 축제는 신파극이었다. 신파극은

6·25 이전에 주로 마을 청년들, 특히 도회지에 유학 떠난 젊은 이들이 중심이 되어 겨울방학 때마다 열렸다. 마을 사람들은 겨울방학 때가 되면 미리부터 신파극 구경할 생각에 마음이 달뜨게 마련이었다. 청년들은 그해에 공연할 신파극의 내용이 결정되면 며칠 동안 모여 연습을 했다. 연습 때부터 조무래기 아이들은 사랑채 처마 밑에, 마을 처녀들은 앞집 담 너머에서 까치발을 하고 구경하였다. 마침내 공연을 시작하는 날, 우리 집 마당에는 멍석이 깔리고 무대가 된 안채 마루에는 검은 홑이불로 된 막이 쳐졌다. 청년 2대표의 간단한 인사말이 있은 다음, 공연될 신파극의 내용 설명이 끝나면 징소리와 함께 막이 오르고 환호와 박수가 터졌다.

그 무렵 공연된 신파극은 〈이수일과 심순애〉, 〈봉이 김선달〉, 〈검사와 여선생〉, 〈편지〉 등이었다. 신파극에서 주인공을 맡은 청년은 마을 처녀들로부터 인기를 독차지했다. 특히 신파극 막간에는 미리 선발된 아이들이 무대에 올라와 춤을 추거나 노래를 부르기도 했는데 나도 여러 차례 여자로 변복하여 춤을 추고 노래를 불렀다.

젊은이들이 모두 도시로 떠나 버린 지금의 농촌에는 축제가 없다. 축제가 없는 지금의 농촌은 풍요롭기는 해도 폐허처럼

황량하다. 추석이나 설날 젊은이들이 고향에 돌아오지만, 온종
일 텔레비전 앞에 바보처럼 무료하게 앉아 있다가 떠나게 마련
이다.

우물에 대한 추억

옛날 시골에서 밥술이나 먹고사는 집에는 으레 우물이 있게 마련이었다. 집 안에 우물이 있다는 것은 대단한 자랑거리이기도 했다. 그 시절에는 집 안에 우물 파는 일을 땅 장만하는 것 못지않게 생각했다. 그 때문에 많은 돈을 들여 우물을 팠다. 깊은 것은 전봇대 높이만 하여, 정자목(井)을 손으로 짚고 아래를 내려다보면 발바닥이 간질간질하도록 아스라했다. 우물귀신이 있다고 하여, 아이들은 밤에 우물 가까이 가기를 꺼려했다. 그러나 햇살이 뻗칠 정도로 날씨라도 맑을라치면, 우물 바닥에 파란 하늘이 낮게 가라앉아 있어, 어린 시절 나는 "우물에 하늘이 빠졌네"하고 소리치기도 했다.

우물 주변에는 주로 앵두며 석류, 매화, 복사나무를 심어, 초봄부터 여름까지 여러 가지 색깔의 꽃이 피고 주렁주렁 열매가 열렸다. 우물에 대한 사치에도 신경을 썼다. 우물에 빠지는 것을 방지하기 위하여 어른들 허리 높이만큼 둥그렇게 돌로 쌓아 올려 정자목을 얹거나, 콘크리트로 둥그렇게 하수관 같은 변을 만들어 씌웠다. 또 빗물이 들어가지 않도록 판자로 된 뚜껑을 덮거나 지붕을 만들기도 했다.

우물은 단순히 식수나 생활용수를 해결하기 위한 차원을 넘어 그 집안의 상징적이고도 신앙적 의미를 갖기도 했다. 그만큼 우물을 신성시했다. 매년 정월에는 우물굿을 하였고 보름 같은 명절 때는 밥을 차려 놓기도 했다. 우리 할머니는 새벽마다 정화수를 길어다 부엌의 조왕신에게 바치고 집안의 안녕과 가족의 복을 빌었다. 제사 음식은 물론 간장을 담거나 김장할 때는 반드시 자기 집안의 우물물을 사용하는 것을 원칙으로 했다. 이 때문에 부정을 탄다고 하여, 일가가 아니면 집안의 우물물을 길어 가지 못하게 했다.

여름에는 냉장고 역할도 했다. 냉장고가 없던 시절이라 시

원한 음식은 맛볼 수도 없었고 음식물이 쉽게 상하게 마련이었다. 그래서 여름에는 양동이에 끈을 연결하여 우물 속에 매달아 놓고 수박이며 참외 등을 넣었다가 먹었다. 김치와 돼지고기 같은 고기도 우물 속의 양철통에 넣어 두면 변질이 되지 않았다. 일제 치하 태평양전쟁이 한창일 때는 대부분의 놋그릇을 우물 속에 감추어 공출로 빼앗기는 것을 피할 수 있었다.

집 안에 우물이 없는 사람들은 공동 우물을 사용했다. 오래된 팽나무며 버드나무가 운치 있게 그늘을 드리워, 숱한 우물가 사랑의 전설을 만들어 냈다. 공동 우물은 마을 아낙들이 만나는 유일한 공간이기도 했다. 그래서 공동 우물은 그 마을 모든 소문의 발원지가 된 셈이다.

어느 날 이슬아침, 나는 잘게 빻은 소금을 손에 쥐고 세수를 하러 냇가로 갔다. 우리 집에 우물이 있었지만 친구들을 만나기 위해 나는 아침마다 냇가에 나가 세수를 했다. 손가락에 몽근 소금을 발라 한참 손가락 칫솔질을 하고 있는데, 공동 우물 쪽이 시끌벅적했다. 나는 입 안을 헹구고 나서 두껍다리를 건너 공동 우물로 달려가 보았다.

"상피났네, 상피났어."

아낙들이 빈 물동이를 놓아둔 채 우물 속을 들여다보며 큰 소리로 외쳐 댔다. 나도 머리를 처박고 우물 속을 들여다보았다. 우물 속에 짚여물 같은 것이 가득 떠 있었다. 아낙들은 짚북데기 때문에 물을 긷지 못했다. 마을은 갑자기 긴장감에 휩싸였다. 다음 날 아침, 마을 어른들이 윗 당산 느티나무 밑에 모였다. 땅바닥에는 멍석이 깔려 있었고 그 옆에 우식이와, 시집온 지 일 년도 안 된 그의 형수가 험한 몰골을 하고 무겁게 고개를 떨군 채 무릎을 꿇고 있었다. 이윽고 마을 청년들이 우식이와 그의 형수를 멍석으로 둘둘 말았고 마을 사람들이 일제히 달려들어 멍석을 직신직신 밟거나 거칠게 마구 찼다. 그리고 그들은 그날로 마을에서 쫓겨났다.

사랑손님들

사랑(舍廊)은 유년 시절 내가 가장 자유롭게 출입하고 싶은 작은 공간이었다. 나는 사랑에 마음대로 들락거리기 위해 빨리 어른이 되고 싶기까지 했다. 우리 마을에서는 딱 한곳, 우리 집 행랑채에 사랑이 있었지만 어른들이 가득 들어찬 밤에는 자유롭게 출입할 수가 없었다.

피딱지로 도배한 벽에는 손톱으로 으깨 죽인 빈대 피가 얼룩진 데다, 자욱한 담배 연기와 남정네들의 퀴퀴한 땀 냄새가 가득한 사랑. 그곳에서는 밤늦도록 컬컬한 웃음소리가 그치지 않았다. 도대체 어른들이 그곳에서 무슨 은밀한 놀이를 즐기고 있기에 저렇듯 밤마다 시끌벅적 요란스러운 것일까 싶어 호기심이 많았다. 그러나 어른들은 아이들의 출입을 한사코 막았기에, 나는 토마루 아래 지린내가 풍기는 오래된 소매통 옆에 바짝 붙어서 사랑 안에서 흘러나온 어른들의 말소리에 귀를 기울이곤 했다.

어른들은 추렴을 하여 술판을 벌이기도 했고 제사 집에서 단자를 얻어 와 나누어 먹기도 했다. 가끔은 닭서리를 하기도 했다. 또한 몸피가 난쟁이처럼 왜소한 대추나무집 주생원은 밤마다 이야기책을 가지고 와서 읽었다. 《춘향전》, 《심청전》, 《홍길동전》은 물론 《임경업전》, 《옥단춘전》, 《장화홍련전》 같은 이야기책을 카랑카랑하게 목소리를 돋우어 가며 읽어 주곤 했다. 그는 마치 무성영화의 연사처럼 내용에 따라, 구들이 내려앉도록 한숨을 짓거나 담벼락 무너지는 소리로 호령을 하기도 하고, 슬픈 감정이 뻗질러 오를라치면 훌쩍훌쩍 우는 소리까지도 냈다. 그때마다 남정네들은 함께 분노하며 혀끝을 차고 손뼉을 쳐댔다. 박 생원은 책 표지가 희치희치 닳도록 똑같은 책을 여러 번 되풀이해서 읽는 데도 그 누구도 실증내지 않았다.

우리 집 사랑은 떠돌이 장사치들의 무료 숙박소이기도 했

다. 소금 장수에서부터 통멜꾼, 상 고치는 사람, 술장수 등이 수
시로 묵어갔다. 이들이 찾아오는 날이면 사랑은 언제나 초만원
을 이룬다. 떠돌이 장사치들로부터 근동 사람들의 소식과 세상
돌아가는 이야기를 듣기 위해서였다. 이들 장사치들은 여러 마
을을 돌아다니기 때문에 소식통이나 마찬가지였다. 누구 집에
애경사(哀慶事)가 있고 어느 마을 누가 땅을 샀으며 어느 과부가
누구와 바람피운 것까지 죄 알고 있었다. 더러는 친지들이 보내
온 자잘한 물건까지도 전달해 주었다. 말하자면 당시 이들은 정
보 전달자이면서 우편배달부 역할까지 한 셈이었다. 신문은 고
사하고 우리 마을에 라디오 한 대 없었던 터라 이들이 유일한
소식통이었다.

농번기가 되면 이들 떠돌이 장사치들은 며칠이고 우리 사랑
에 머무르면서 농사일을 도와주기도 했다. 노임을 받는 일은 없
었고 세 끼 밥 얻어먹는 것만으로 만족해하였다. 사랑에서는 농
촌 문화가 꽃피우고 인생살이의 갖가지 정보들이 꿈틀거렸다.

지금, 새삼스럽게 옛날 우리 집 사랑손님들이 그리워지는
것은 무엇 때문일까. 나는 갑자기 옛 사랑에 가고 싶어진다. 그
시절, 사랑은 비록 넓고 쾌적한 공간은 아니었지만 따뜻하고 인
정이 넘치는 아름다운 공동체의 장이었다. 그리고 흙처럼 순박

하고 들꽃처럼 싱그러운 사랑손님들은 그 작은 공간 안에서도 간질간질한 행복에 만족하며 큰 욕심 부리지 않고 물 흐르듯 아름답게 살았다.

복토 훔치기

6·25 직후 우리 가족은 외가에서 삼 년을 빌붙어 살았다. 공비 토벌 작전지역이라는 이유로 우리 마을 70여 호가 같은 날 깡그리 불태워졌기 때문이다. 외가 동네에는 오백 석 지기쯤 되는 고씨 부자(富者)가 살고 있었다. 이 집은 어른 키보다 훨씬 높은 죽담(잡석을 흙과 섞어 쌓은 돌담)으로 에둘러 있었다. 담이 마치 성처럼 높고 견고해 보였다. 다른 집은 가슴 높이의 야트막한 돌담에 사립짝문이 열려 있어, 집 안이 훤히 들여다보였다. 그러나 고씨 집은 솟을대문에 담이 너무 높아 까치발을 하

고도 집 안을 기웃거릴 수조차 없었다. 나는 외할아버지한테 고씨 집 담이 높은 이유를 물었다. 외할아버지께서는 가난한 사람들이 복토(福土) 훔치는 것을 막기 위해서라고 하셨다.

그 시절, 가난했던 사람들은 부자가 되는 일을 감히 꿈조차 꿀 수가 없었는지 모른다. 찢어지게 가난해서 굶어 죽지 않으려고 목구멍에 풀칠하기에도 힘겨운 형편에, 솟을대문 고대광실에서 호의호식하고 사는 것을 어찌 꿈이나 꿀 수가 있었겠는가. 뼈가 으스러지도록 죽기 살기로 일을 해봐도 자신들의 힘만으로는 부자가 될 수 없다고 체념하며 살아갈 수밖에 없었을 것이다. 기실 그 시절에는 가난한 사람이 열심히 노력해도 부자가 되는 일은 거의 불가능했다. 그 때문에, 가난을 숙명으로 받아들이고 살아야만 했다. 그들의 생각에, 부자들은 하늘이 내리는 것쯤으로 믿고 있었는지도 모를 일이다. 부자는 곧 하늘이 내린 복이라 믿고 가난을 전생의 업보로 받아들였을 것이다. 부자가 되자면 복을 받고 다시 태어나는 길밖에 없다고 생각했을지도 모른다.

가난한 사람들은 이승에서 부자가 되기 위해서는 부자들에게서 복을 훔치는 일밖에 없다고 믿었다. 그래서 옛날에는 '복토 훔치기'라는 풍습이 있었다. 정월 열 나흘 날 저녁, 가난한 사람들은 몰래 부잣집 담을 넘어 숨어 들어가서 마당이나 뜰의 흙을 파왔다. 훔쳐 온 흙을 자기네 부뚜막에 바르면 부잣집 복이 모두 자기네한테 옮겨 온다고 생각했다. 흙에는 터주신이 있고 그 덕으로 부귀영화를 누리고 있는 것이기에 부잣집 흙을 옮겨 오면 재복도 함께 따라올 것으로 믿었던 것이다. 이 때문에 이날 밤 부잣집에서는 복토를 도둑맞지 않기 위해 온 집 안에 불을 밝혀 두고 노비들로 하여 지키게 했다. 복토를 훔치다 붙잡히는 날에는 성한 몸으로 돌아갈 수 없었다. 가난한 사람이 부잣집 복토를 훔치는 일은 목숨을 거는 일이었다. 용기와 담력이 없이는 불가능한 일이었다. 그런데도 많은 사람들은 굶어 죽느니 차라리 복토를 훔치다 죽겠다는 각오로 부잣집 담을 넘었으리라.

나는 오래전에 '복토 훔치기'를 소재로 단편소설을 쓰기도 했다. 주인공의 할아버지가 윤 초시네 복토를 훔치다 붙잡혀, 아내마저 빼앗기고 삶이 뒤틀려 버린 이야기다.

"헬미가 못흘 짓을 흐고 이 집에 들어온 후로도 마음은 늘 네 할애비 저테 있었재. 윤 초시 집에서 풀려 나간 할애비는 며칠 동안 잠도 자지 않고 새벽꺼정 꽁꽈닥 꽁꽈닥 망치질만 허드구나. 그 소리를 들을 적마다 할애비가 그 큰 쇠망치로 네년 뒈 저라, 네년 뒈져라허고 핼미 가심을 후려치는 긋 같어 통 잠을 못 잤다. 그놈에 소리가 지금꺼정 내 귀에 들려와서는 핼미 혼 을 빼가고 있단다."

이상은 졸작 〈복토 훔치기〉의 일부이다. 오늘날에도 부잣집 담은 철옹성처럼 높기만 하다. 부자들은 예나 지금이나 가난한 사람들이 자신들의 복을 넘보는 것으로 생각하는 것인지도 모른다.

파나마모자의 죽음

6월이 오면, 그해 여름에 목격했던 끔찍한 사건의 핏빛 기억이 악몽처럼 되살아나곤 한다. 12살의 나는 사람이 사람을 죽이는 현장을 목격했다. 총소리가 골짜기 마을을 쥐흔들곤 하던 여름의 끝자락. 우리 마을에는 카키색 제복에 총을 멘 무리들이 머물러 있었다. 그날 나는 친구와 함께 논둑에서 뙈기를 치며 새를 쫓고 있었다. 볏짚으로 댕기 머리를 따듯 두어 발 정도 기다랗게 따서 만든 뙈기를 허공에 돌렸다가 휘둘러 치면 총소리처럼 딱 소리가 났고, 참새들은 이 소리에 놀라 멀리 날아

갔다.

정오 무렵, 마을 앞 둑길로 중년 남자가 천천히 주위를 살피며 지나가고 있었다. 짙은 밤색 바지에 흰 모시 티셔츠를 새뜻하게 차려입고 베이지색 파나마모자를 쓴 그 남자는 스틱으로 풀숲을 툭툭 치며 걷고 있었다. 그가 물방앗간 앞을 지나고 있을 때, 총 멘 사내들 네댓 명이 첨벙첨벙 냇물을 건너오더니 다짜고짜 느티나무 밑으로 끌고 갔다. 그의 호주머니에서 회중시계, 궐련, 라이터, 가죽 지갑 외에 기차표가 나왔다. 키가 작달막한 뱁새눈이 발길로 파나마모자의 아랫배를 냅다 걷어차며 정체를 물었다. 파나마모자는 겁에 질려 동복 처가에 갔다가 집에 가는 길이라고 말했다. 그러자 옆에 있던 다른 사내들까지 합세하여 장작개비로 후려쳤고 파나마모자는 피투성이가 된 채 버르적거리며 비명을 질러 댔다.

그날 오후 느지막이 사내들은 파나마모자를 끌고 점백이네 고추밭으로 갔다. 파나마모자에게 구덩이를 파도록 했다. 그가 땡볕 아래서 흐느적거리며 구덩이를 파는 동안 사내들은 오동나무 그늘 밑에서 담배를 피우고 낄낄대고 웃어 대며 잡담을 하고 있었다. 구덩이를 다 파자 그들은 파나마모자를 죽였다. 파나마모자는 자신이 판 구덩이에 묻혔다. 집으로 돌아오던 나는 자꾸 눈물이 났다. 그 후 나는 한동안 악몽에 시달렸다.

그 후 나는 많은 죽음을 목격했다. 밭둑에도 골짜기에도 대밭에도 시체들이 널려 있었다. 그때는 어렸지만 죽음이 전혀 무섭지가 않았는데, 나이가 든 지금은 왜 이렇듯 죽음이 무서운지 모르겠다. 지금도 나는 문득문득 파나마모자와 뱁새눈이 떠오른다. 파나마모자는 55년이 흐른 지금도 이름조차 없이 점백이네 고추밭에 묻혀 있다. 그의 가족들은 누구이며 어디에 살고 있는지, 오목가슴이 아리도록 안타까울 따름이다. 6월이 되면 파나마모자에 대한 악몽에 되살아난다. 악몽이 사라지지 않는 한 나의 6·25는 아직 끝나지 않은 것 같다.

메모리장 주고받기

"옛다, 늬꺼다. 이제부텀 늬가 보관허그라."

새 아파트로 이사 오던 날 오래된 장롱의 서랍을 정리하던 어머니가 작은 보따리 하나를 내게 던져 주셨다. 켜켜이 먼지가 가라앉은 옥양목 보따리 안에는 내가 학창 시절에 썼던 물건들이 들어 있었다. 그동안 어머니는 고등학교 모표가 달린 모자며 너덜너덜한 비닐 책가방, 글짓기 대회에 나가서 탄 상장들을 보에 싸서 보물처럼 장롱 속에 깊숙이 보관해 오셨던 것 같다.

나는 거무칙칙하고 두꺼운 비닐 책가방 안에서 한 뭉치의 색종이 묶음을 발견했다. 여러 가지 색깔의 16절지 색종이 묶음은 내가 고등학교를 졸업할 때 친구들한테서 받은 '메모리'들이었다. 나는 희부옇게 색이 바랜 연둣빛 첫 장을 펼쳤다. 네 귀퉁이에 타오르는 촛불 그림을 프린트한 '메모리'는 똘똘이라는 별명을 가진 친구가 내게 써 준 것이었다.

이름, 별명, 현주소, 고향, 좌우명, 존경하는 사람, 장래 희망란이 줄 바꾸기로 나열되어 있었다. 그의 좌우명은 '아는 것이 힘이다'라고 씌어 있었다. 나는 '남기고 싶은 말' 란을 읽었다. '수업 시간 중에 소설책을 읽다가 선생님들한테 들켜 늘 벌을 받던 너, 수학 시간이면 칠판 앞에서 문제를 풀지 못해 창백한 얼굴로 쩔쩔매던 너. 그런 네가 내 눈에는 그저 머저리 바보처럼 보였다. 그러나 어느 날 동아서점 옆 붕어빵 집에서 만나 까뮈의 《이방인》이라는 소설 이야기를 들은 후부터 네가 달리 보이기 시작했다. 앞으로 이름 있는 문필가가 되기를 바란다. 문집을 내면 꼭 내게 보내주라. P.S, 10년 후 2월 2일(졸업식 날) 정오에 무등산 정상에서 만나고 싶다.'

나는 친구의 메모리를 읽고 나서 한동안 깊은 생각의 늪 속에 빠져 들었다. 물론 나는 10년 후에 그를 만나기 위해 무등산에 올라가지 않았었다. '메모리' 내용을 까맣게 잊고 살아왔던 것이다. 나는 50여장의 '메모리'를 읽으면서 40년 전 시간 속으로 추억 여행을 떠날 수가 있었다. 빛나는 보랏빛 추억 속에서 오랫동안 잊고 살아왔던 친구들을 만날 수가 있었다.

그 무렵 학생들은 졸업 때 '메모리' 주고받기가 유행했다. 50장에서 100장 정도의 메모리장을 프린트하여 졸업하는 친구들끼리 주고받았다. 학창 시절의 추억 만들기를 하고 싶었던 것이다.

인생에서 지난 삶의 궤적을 돌아보면 추억 아닌 것이 없다. 비록 슬프고 고통스러운 삶의 매듭일지라도 그것은 추억이라는 이름으로 우리의 인생을 아름답고 풍요롭게 만든다. 어쩌면 추억이 많을수록 인생의 빛깔은 더 찬란한 것인지도 모른다.

나는 40년 전에 받은 '메모리'를 본인들에게 되돌려 주고 싶어 동창회 수첩을 살펴보았다. 내게 '메모리'를 써 준 55명 중에서 다섯 명은 이미 세상을 떴고 일곱 명은 주소 확인이 불가능했다. 너무 오랫동안 친구들을 잊고 살아온 내가 부끄러웠다. 무엇을 이루느라 그동안 소중한 그들을 잊고 살아왔단 말인가. 지금 내게 남은 '메모리' 묶음은 한 보따리의 귀중한 추억이 되어 내 인생의 중심부에 서 있다.

"단자 왔소"

　　나는 어려서 아버지를 따라 시제(時祭)에 참석하는 것을 좋
아했다. 아버지께서는 10대 종손인 내게 제사 풍속을 가르치기
위해 일부러 시제 때마다 데리고 다니셨던 것 같다. 도맡아 축
문을 읽으셨던 아버지께서는 제사가 끝나기를 가다렸다가 맨
먼저 노란 유자를 집어서 내게 주시곤 했다. 시제에 가면 언제
나 고기며 떡 등을 배불리 먹을 수 있어 좋았다. 먹을 것이 부족
했던 그 시절, 시제 날에는 그래서 일가 외에도 가난한 마을 사
람들까지 많이 몰려들었었다.

지금은 시제 때 내가 축문을 읽는다. 나는 옛날 아버지가 그랬던 것처럼 독축이 끝나는 대로 먼저 유자를 집어 들기는 하지만 그것을 줄 아이들이 그곳에 없다. 이제는 아무도 유자를 탐내지 않는다. 제사가 끝나고 음복(飮福)을 하는 자리에서도 음식을 먹으려고 하지 않는다. 옛날 같으면 음복으로 굶주린 배를 채우고 남은 음식을 저마다 볏짚에 싸 들고 갔는데, 지금은 먹지도 않고 가져가려고도 하지 않는다.

궁핍했던 시절에는 부잣집 제삿날을 '목구멍 때 벗기는 날'이라고 하여 마을 사람들 모두가 마른침을 삼켜 가며 그날을 기다렸다. 그래서 마을 사람들은 누구네 제사가 언제라는 것쯤은 잘 기억하고 있었다. 단자(單子)를 먹기 위해서였다. 제삿날이 되면 남자들은 사랑방에, 여자들은 길쌈 방에 모여 제삿집에 단자를 보내겠다고 미리 통고한다. 그리고 제사상을 차릴 때를 기다렸다가 단자 보낼 두세 명을 택하여 대오리로 엮은 단자 바구니 석작을 들려 보낸다. 단자 심부름꾼은 석작에 긴 새끼줄을 묶은 다음 제사 집 대문 밖에 서서 큰 소리로 "단자 왔소" 하고 소리를 치며 단자 석작을 마당에 집어던진다. 단자 통보를 받은 터라, 제사 집에서는 상을 차리고 남은 음식들을 골고루 단자 석작에 넣는다. 단자 음식은 고기와 떡 그리고 술 외에 부침개 등이다. 제사 집 안주인이 "단자 가져가시오" 하며 단자 소쿠리를 마당에 내놓으면 문밖에 기다리고 있던 심부름꾼이 조심스럽게 줄을 잡아당겨 가져간다. 단자 그릇에 음식을 담아 대문 밖에 내놓는 경우도 있다. 마을 사람들은 이날 밤 망인에 대한 덕담으로 좋은 기억을 되살리며 단자 음식을 골고루 나누어 먹는다.

다음 날 제사 집에서는 제사 음식으로 상을 차려 가까운 이웃이나 친척들을 초대하여 아침을 대접하기도 한다. 제사를 통해 이웃들과 음식을 나누어 먹음으로써 더불어 사는 공동체 삶을 실천한 것이다. 어쩌면 옛날의 제사는 죽은 사람을 위한 것이 아니고 산 사람, 특히 굶주린 이웃들을 위한 작은 잔치였던 것 같기도 했다. 더욱이 제사 집 대문 밖에 물밥을 놓아두었던 것은 사람들뿐만 아니라 개나 고양이 혹은 쥐와 새들까지도 함께 나누고자 했던 마음에서가 아니었을까. 가난했지만 먹을거리를 소중하게 여기고 제사 음식을 통해 사랑을 나누었던 그 시절이 그리워지는 것은 무엇 때문일까.

마을마다 서당이 있었다

내가 어렸을 때, 그러니까 6 · 25 전까지만 해도 어지간한 마을에는 서당이 있어, 학동들의 글 읽는 소리가 동구 밖까지 낭랑하게 흘러넘쳤다. 작은 마을의 서당에서는 한 사람의 훈장이 《천자문》, 《추구》, 《사자소학》, 《명심보감》 같은 것을 가르쳤다. 《사서삼경》을 읽히는 서당은 면 단위 안에 두서너 곳이 있게 마련이었다. 그러나 마을 안에서 《사서삼경》까지 배우는 사람은 그리 흔하지가 않았다. 보통은 《명심보감》 정도만 읽어도 마을에서는 꽤 유식한 사람으로 통했다.

마을 서당에 다니는 학동들의 나이 차이는 컸다. 지금 같으면 유치원에 다닐 나이에서부터 장가를 든 어른들까지도 한방에서 같은 책을 배우는 경우가 많았다. 나이가 어린 학동들은 대부분 초등학교를 다니면서 서당 공부를 하였고 나이가 많은 학동들은 주로 밤에 서당에 나와 공부를 하였다. 일손이 부족했던 터라 열두서너 살만 되어도 초등학교에 다니지 못하고 농사일을 거들어야만 했다. 그래서 밤에야 서당에 나와 공부를 할 수밖에 없었다.

내 나이 여섯 살이 되던 해, 아버지는 한 생원이라는 훈장을 모셔다 우리 집 사랑에 서당을 열었다. 그래서 나는 여섯 살 때부터 '天高日月明 地厚草木生'으로 시작되는 《추구》를 읽었다. 초등학교에 입학하던 해에는 《사자소학》을 배웠으며, 《명심보감》 '계몽편'을 읽다가 6·25를 만났다. 곡성 어디에선가 모셔왔다는 훈장님은 오십 대쯤으로 보였는데 상투 머리에 언제나 긴 담뱃대를 등의 옷 속에 찌르고 있었다. 아버지 말씀으로는 시를 잘 짓는 문장가라고 한 그는 말수가 적은 대신 매우 엄했다. 낮에 배운 것을 아침에 훈장님 앞에서 외우고 그 뜻을 해석하는 것을 '강(講) 바친다'라고 했는데, 강을 바칠 때 틀리면 긴 담배통으로 놋쇠 재떨이를 후려치면서 큰 소리로 무섭게 화를 내곤 했다.

나는 훈장님한테 발가벗긴 채 회초리를 맞은 일이 있었다. 아버지가 장에 나가 소 판돈을 훔쳐 이웃집 형한테 속아 낡은 축음기를 샀기 때문이었다. 그때 아버지는 내게 한 말씀도 하지 않는 대신 훈장님한테 나를 벌주도록 하셨던 것이다. 훈장님은 나를 사랑으로 불러 방문을 잠그고는 발가벗긴 후, 내 스스로 잘못한 일을 말하게 하였으며, 피가 솟도록 종아리를 후려쳤다.

훈장님은 휘영청 달이 밝은 밤에는 콩기름 먹인 종이 삿갓을 쓰고 혼자 외출을 하곤 했다. 선비들은 달빛을 몸에 너무 많이 받으면 정신이 산란해지기 때문이라고 할머니가 말씀해 주셨지만, 달빛을 받으면 왜 머리가 어지러운 건지 알 수 없었다. 훈장님은 6·25가 터졌는데도 집에 갈 생각을 하지 않고 그해 늦가을까지 우리 집 작은 사랑에 머물러 있었다. 훈장님은 우리 마을이 공비 토벌 지역이라는 이유로 마을이 모조리 불태워진 후에야 떠났다.

"추수가 끝나면 사례를 받아 갈려고 그랬제. 노부모에 자식 새끼가 여섯이나 된다는디, 사례를 받아가야 식구들 굶어 죽지 않을 것이 아니냐."

할머니 말씀으로는 훈장님은 우리 집에서 학동들을 가르친

대가로 보리 나는 철에 보리 세 가마, 가을철에 벼 두 섬을 받는 다는 것이었다. 중머슴의 새경과 같았다.

"왜 하필이면 가난한 문필가가 되겠다고 지랄이여. 상머슴 새경도 못 받는 한 생원 같은 사람이 되겠다는 게여."

훗날 내가 문학을 하겠다고 했을 때 아버지께서는 걸핏하 면 훈장님을 빗대어 화를 내셨다. 시를 잘 짓는다는 그 가난한 훈장님이 아버지 눈에는 한심하게만 보였던 것일 게다.

머슴날

나 어릴 적에는 머슴날이 있었다. 이날 하루 주인은 머슴들에게 새 옷을 해 주고 술과 음식을 대접하며 쉬게 했다. 농사철이 다가오니, 하루 잘 놀고 더욱 부지런히 일을 하라는 암묵적인 압력(?)과 격려이기도 했다. 머슴들은 이날 술을 마시고 농악을 치며 마음 놓고 진탕 놀았다.

옛날 웬만큼 농사를 짓는 집에서는 대게 머슴을 부렸다. 일 년 단위로 계약을 하여 들이는 머슴은 숙식을 함께하며 농사일을 도맡아 했다. 어디 농사일뿐인가. 날마다 신새벽에 일어나

집 안 청소에서부터 소를 먹이고, 땔감 대는 일, 똥 푸는 일까지, 집 안의 온갖 궂은일은 모두 머슴 차지였다. 말하자면 노비와 다를 바 없었다.

머슴은 상머슴, 중머슴, 담살이(꼴머슴)로 등급을 나누었다. 상머슴은 쟁기질은 필수고 그 집 농사일을 도맡아 할 수 있어야 했다. 아무리 나뭇짐이 커도 쟁기질을 못하면 중머슴 대접을 받았다. 담살이는 소를 뜯기거나 꼴을 베고 소죽을 쑤는 일 등 잔심부름을 돕는 말 그대로 머슴아이다. 상머슴 새경(私耕)은 보통 벼 넉 섬에서 닷 섬, 중머슴은 두서너 섬이 고작이었고 담살이는 먹고 자는 것이 전부였다. 머슴에게는 1년에 세 차례 새 옷을 지어 준다. 겨울에 솜옷, 봄에 무명 홑옷, 여름에 마포 잠방이와 등거리 한 벌.

창평고씨(昌平高氏)네 도짓논을 꽤 많이 부쳐 먹고 살았던 우리 집에는 거꾸리라는 상머슴이 있었다. 나는 그를 꺼꾸리 아제라고 불렀다. 그는 내게 고무줄 새총이며 팽이, 썰매를 만들어 주었다. 거꾸리 아제는 어려서 솥장수가 맡기고 간 후, 우리 마을 이집 저집에서 꼴머슴으로 자랐으며 서른이 넘도록 장가도 못 갔다. 그는 쟁기질도 잘했고 마을 안통에서 나뭇짐이 제일 커, 삼 년 동안 우리 집 상머슴으로 살고 있었다.

머슴날이었다. 마을의 다른 머슴들은 불콰하게 술에 취해서 농악을 치며 질펀하게 놀았으나 거꾸리 아제는 온종일 사랑에서 잠만 퍼 잤다. 그리고 날이 어두워지자 새 옷을 입고 집을 나서는 것이었다. 나는 거꾸리 아제 뒤를 밟았다. 그는 뜻밖에도 강변 서답 바위 옆에 홀로 초막을 짓고 사는 백새 집으로 들어가는 것이 아닌가. 백새는 백반증으로 얼굴이며 머리가 온통 새하얀 노처녀였다. 백새 역시 어렸을 때 우리 마을에 늙은 아비를 따라 흘러들어온 후 서른이 넘도록 시집도 못 가고 막일을 하며 살아가고 있었다.

백새네 초막으로 들어간 거꾸리 아제는 나올 줄을 몰랐다. 그날 밤 나는 할머니에게 그 이야기를 해 주었다. 할머니는 서둘러 거꾸리 아제와 백새를 부부로 맺어 주었다. 거꾸리 아제가 장가가는 날을 나는 잊을 수가 없다. 달빛이 파릇하게 떡잎이 솟는 두엄자리 옆의 먹감나무며, 고샅 구석구석을 환하게 밝혀 준 밤이었다. 마을 머슴들이 우리 집에 모여 사다리에 헌 가마니를 깔고 아제를 태웠다. 그들은 꽹과리와 북을 치며 아제를 태운 사다리를 메고 백새네 초막으로 갔다. 그리고 신혼 방이 차려진 백새네 초막의 손바닥만 한 마당에 불을 피우고 술을 마시며 놀았다.

거꾸리 아제를 포함한 우리 마을 머슴들은 모두 징용에 끌려가서 돌아오지 못했다. 아마도 마을에 할당된 징용 숫자를 채우기 위해 불쌍한 머슴들을 보내 버린 듯싶다. 남편이 돌아오기를 기다리며 초막을 지키고 외롭게 살았던 백새는 6·25 후 소식이 끊기고 말았다. 벌써 오십 년이 훨씬 지난 일이지만, 지금도 2월 초하루, 머슴날만 되면 거꾸리 아제와 백새네가 그리워진다.

된장에 땡감 찍어 먹다

시골 마을의 집집마다에는 감나무 한두 그루가 서 있게 마련이다. 가을이면 나뭇잎이 오색찬란한 색깔로 변하고 빨갛게 익은 감이 주렁주렁 매달려 있는 고향의 가을 풍경은 더없이 넉넉하고 아름답다. 감나무는 가난한 사람들에게 좋은 먹거리를 제공해 주었다. 시골에서는 감이 익을 무렵이 되면 의원들이 배를 곯는다는 말이 있었다. 감을 많이 먹으면 고뿔도 걸리지 않는다고 했다. 감꽃이나 감잎은 고혈압이나 중풍에 좋고 감꼭지는 딸꾹질 할 때는 물론 구토증과 야뇨증에 특효가 있다고 했

다. 또한 곶감은 해소, 진해, 거담제로 먹었고 토혈이나 이질에
도 좋다고 했다.

그런데 감나무는 해거리를 해서 가지가 찢어지게 많이 열
리는 해가 있는가 하면 익기도 전에 감또개로 떨어지는 때가 있
다. 이 때문에 감이 많이 열리도록 주술을 걸기도 했다. 동짓날
두 사람이 감나무 앞에 서서 한 사람이 "올해 많이 열릴 테냐
안 열릴 테냐. 만약 열리지 않는다면 당장 베어 버리겠다"고 하
면서 도끼로 감나무를 가볍게 찍어 상처를 낸다. 그때 옆에 있
던 사람이 "열리겠나이다. 많이 열리겠나이다" 하면서 도끼로
찍은 상처에 팥죽을 뿌려 준다. 또한 감나무에 올라가면 감이
잘 열리지 않는다고 했다. 이 때문인지 감나무에 올라가서 떨어
지면 죽는다는 속설이 있다.

초여름이 되면 큰 나무에 비해 눈송이만큼 작은 담황색의
꽃이 핀다. 아이들은 감꽃을 실에 꿰어 목걸이를 만들어 목에
걸고 다녔다. 배가 고픈 아이들은 꽃과 함께 땅에 떨어진 감또
개를 먹기도 했다. 고욤만큼이나 작은 감또개는 너무 떫어 된장
을 찍어 먹었다. 우려먹을 수 있을 정도로 크지 않은 땡감은 된
장을 찍어 먹곤 했다. 짭짤한 된장 맛이 떫은맛을 없애 주었다.

7~8월쯤 되면 감이 우려먹을 수 있을 정도로 커진다. 식량

이 없어 늘 허기졌던 시골 사람들은 감이 익기도 전에 생감을 우려서 먹었다. 감을 우리는 방법은 여러 가지가 있다. 생감을 소주에 담근 후 항아리에 넣고 5일 이상 보관해 두었다가 먹는 알코올 탈삽법이 있다. 그러나 소주가 귀한 시골에서는 따뜻한 물에 된장을 풀고 밀폐된 항아리에 생감을 하루 동안 넣어 두는 된장 탈삽법을 많이 썼다. 우린감은 떫은맛이 없고 약간 들큼해서 먹을 만하다. 더러 아이들이 배가 터지게 우린감을 먹고 항문이 막혀 대꼬챙이로 감 찌꺼기를 집어 내야 만했다.

옛날에는 지금처럼 단감이 흔하지 않고 거의 감뿐이었다. 감나무 접붙이로 사용하는 고욤나무는 산에서 자라는데 완두콩 알만 한 고욤을 따서 밀폐된 단지에 넣어 두면 달콤하게 물러지는데 이 맛이 꿀맛이다. 너무 작아 곶감을 만들 수 없는 똘감(돌감)은 껍질째 얇게 썰어 감 말랭이를 만들어 먹었다.

무엇보다 맛이 좋은 것은 시설이 핀 곶감과 홍시다.

방이 없어 땅굴 파고 살았다

한솥밥 먹는 사람끼리 모여서 가정을 꾸리자면 먼저 방이 필요하다. 가족끼리 마주 보고 앉거나 누울 수 있는 방은 가정을 만드는 최소 단위의 공간이다. 이 작은 공간 안에서 가족은 믿음과 사랑과 희망을 갖고 살아갈 수가 있다. 6·25 직후 도시에서 방을 구하기는 참으로 어려웠다.

방을 구하지 못하면 변두리 외딴곳에 움막을 치거나 토굴을 파고 살아야만 했다. 1953년, 인민군 전남도당 사령부가 있는 백아산(白鴉山)과 가까운 우리 마을은, 공비 토벌 작전지역이 되어 깡그리 불살라졌고 마을 사람들은 일시에 소개당해 고향을 떠날 수밖에 없었다. 그때 우리 가족은 무등산이 바라보이는 산자락 '고지' 밑 들판에 토굴을 파고 살았다. 키 높이 정도로 땅을 판 다음 얼기설기 나뭇가지를 건너질러 삿갓 모양의 지붕을 만들고 짚을 얹었다. 구들도 놓지 않고 맨땅에 짚을 깔고 두더지처럼 살았다. 겨울에는 그런대로 견딜만 했지만 여름에는 눅눅한 습기 때문에 늘 몸이 저리고 무지근했다. 무엇보다도 토굴 생활에서는 뱀 때문에 힘들었다. 한여름 토굴에는 뱀이 들끓었다. 처음에는 너무 놀라 진저리를 쳤지만 차츰 익숙해져 1년쯤 후에는 천장에 뱀이 기어 다니는 것을 보고도 잠이 들곤 했다.

토굴 사람들의 소망은 뱀이 없는 다리 밑으로 옮겨 가는 것이었다. 그 무렵 도시의 다리 밑에는 구들장 놓은 방이 여러 개 있었다. 다리 밑 물이 미치지 않은 땅에 벽을 세우고 구들을 놓고 방문까지 달아 그럴듯한 방을 만들었다. 다리 밑 방은 주택 방의 반값도 안 되는 사글세를 내고 들어갈 수가 있었다. 광주의 경우, 광주천의 부동교, 양림교, 사직교 등의 다리 밑 방에서는 5 · 16이 일어나기 전까지만 해도 많은 사람들이 살았다. 양동 천변의 비둘기 집처럼 다닥다닥 붙은 판잣집은 1960년대 말까지도 있었다.

다리 밑 방도 토굴 방도 없는 가족은 떠돌이 생활을 했다. 이들에게는 주로 역 대합실이 집이고 방이었다. 낮 동안에는 뿔뿔이 흩어져 비럭질을 하고 밤이 되면 대합실에 오불오불 가족이 모여서 함께 잠을 잤다. 어쩌다 밤에 역에 가 보면 대합실 여기저기에 가족들끼리 둥그렇게 모여 비럭질해 온 음식을 나눠 먹거나, 한 줄로 나란히 누워 누더기 이불을 덮고 잠들어 있는 모습을 구경할 수 있었다. 이들은 대합실에 잠을 자다가도 하룻밤에 몇 번씩 밖으로 내쫓김을 당해야만 했다. 그런데 언제나 이들을 쫓아내는 사람은 역무원들이 아니라 권총 찬 헌병들이었다.

1955년 늦봄, 우리 가족은 광주에서 살아가기가 너무 힘들어서 신안군 비금도로 옮겨 가기로 했다. 그곳 염전에 일자리가 많다고 했기 때문이다. 해넘이 무렵 광주에서 기차를 탄 우리 가족은 자정이 가까워서야 목포 역에 도착했다. 우리는 대합실에서 하룻밤 보내고 아침에 출항하는 배를 탈 요량이었다. 밤이 워낙 늦은 터라 대합실은 발 디딜 틈도 없었다. 우리는 겨우 화장실 가까운 곳에 신골 박듯 자리를 잡고 앉은 채 잠을 청했다. 그런데, 얼쑹얼쑹 잠이 들려는데 갑자기 요란한 호각 소리와 함

께 빨리 일어나라는 거친 목소리가 등을 쳤다. 눈을 떠 보니 헌
병들이 권총을 휘두르며 잠들어 있는 사람들을 모두 깨워 열을
세웠다. 헌병들은 거듭 얼차려를 시킨 다음, 권총 손잡이로 차
례대로 사람들의 머리를 내리치며 밖으로 내는 것이었다. 머리
를 얻어맞은 우리들은 손으로 머리를 쥐어 싼 채 어둠 속으로
쫓겨나야만 했다.

알몸으로 기우제

예나 지금이나 농민들의 가장 순수한 소망은 가뭄 때 비를
기다리는 것이다. 지금처럼 댐이나 저수 시설이 충분한 것이 아
니고, 경지 정리도 안 된 옛날에는 비를 기다리는 마음이 더욱
절실했을 것이다. 그래서 옛날 사람들은 하늘이 농사를 지어 준
다고 했다. 흉년이나 가뭄은 하늘의 뜻이고 이는 곧 하늘이 내
린 벌이라고 믿었다. 흉년이 든 것은 인간이 하늘의 뜻을 거역
하였거나 부정한 짓을 하여 노여움을 사게 한 결과라고 믿었다.
그래서 마을 사람들은 기우제를 지내고 부정을 정화하려고 했

다. 마을 뒤 묘지를 파헤치거나 근친상간이 생기면 '상피 났다'
며 공동 우물에 짚북데기를 넣어 알리고 상피 난 장본인들을 찾
아내 덕석몰이를 하여 마을에서 쫓아냈다. 부모에게 불효한 사
람도 마을에서 징치하였다. 이 때문에 가뭄이 들면 세상인심마
저 흉흉하여 별의별 소문이 떠돌곤 하였다. 또한 임금은 가뭄을
자신의 탓으로 여기기도 했다. 임금은 겸허한 마음으로 자신의
부덕을 한탄하는가 하면 잘못된 치정을 바로잡고 큰 제를 올리
기도 했다.

1960년대 초까지만 해도 벼 농사철(여름)에 기우제를 지내
는 모습을 자주 볼 수가 있었다. 이때 농촌 마을의 뒷산과 안산
여기저기에서는 온종일 연기가 검은 머리를 풀어헤치고 하늘로
솟구쳐 오르곤 했다. 우리 마을에서도 가뭄이 들면 기우제를 지
내느라 마을 남자들이 뒷산에 올라가 불을 피우곤 했다. 마을
남자들은 몸을 칼칼하게 씻은 다음, 간단한 제물을 마련하여 뒷
산에 올라가, 되도록 연기가 많이 피어오르게 하기 위해 생솔
가지를 꺾어 불을 피웠다. 물론 부정을 탄 남자들은 참례할 수
가 없다.

낮에 남정네들이 산에서 기우제를 지내는가 하면 밤에는
아낙들이 개울에서 비를 비는 의식을 치렀다. 날이 어두워지면

마을 아낙들은 홑치맛바람으로 키나 바가지를 들고 개울로 모인다. 그들은 겉옷을 홀랑 벗고 알몸으로 물속에 들어가 물로 키질을 하면서 비를 빌었다. 낮은 목소리로 노래를 부르거나 물에 엎은 바가지를 두드리는 소리에 맞춰 키질을 한다. 남자들은 아낙들의 기우제를 절대로 훔쳐봐서는 안 된다. 남자들이 이 광경을 훔쳐보게 되면 부정을 타서 비 한 방울 내리지 않는다고 했다. 아낙들의 기우제 의식을 훔쳐보는 남자가 있으면 이 또한 덕석몰잇감이다.

나는 대여섯 살 때까지는 어머니를 따라 여인네들만의 기우제에 갈 수 있었다. 내 또래 아이들은 어머니나 누나를 따라 아래 당산 서답 바위에 가서, 함께 알몸으로 물에 들어가 바가지를 두드리고 키질을 했던 기억이 새롭다. 개울에 달빛이라도 훤히 비치는 밤이면 알몸으로 어우러진 한 무리의 아낙들 모습은 마치 지붕 위에 박꽃들이 뒤집어지게 피어나는 것 같았다. 그러나 초등학교에 들어갈 나이가 되면 절대 따라갈 수가 없었다.

옛날의 기우제는 단순히 비를 바라는 의식만은 아니었던 듯싶다. 기우제는 인간의 삶에서 끊임없는 자기 성찰의 기회이기도 한 것 같다. 옛 사람들은 가뭄이나 홍수 혹은 태풍 등의 재앙이 있을 때마다 이를 하늘의 노여움으로 생각하고 그동안 내가 무엇을 잘못했는가를 되돌아보았던 것이다. 그리하여 사람들은 하늘 아래서 부끄러움 없이 사람답고 겸허하게 살고자 했던 것이다. 비를 기다리는 농민들의 간절한 마음이야말로, 사람과 자연이 하나 되기 위한 순수하고 아름다운 꿈이 아니겠는가.

모래로 양치질하다

이른 아침, 마을 사람들이 약속이나 한 듯, 하나 둘 집을 나와 냇가로 향했다. 그들은 저마다 손에 무엇인가를 쥐고 있었다. 물가에 이르자 손에 쥐고 있던 것을 판판한 돌 위에 놓고 돌멩이로 자근자근 찧기 시작했다. 거무튀튀한 왕소금을 가루로 만들기 위해서다. 얼추 소금이 몽글어지자 검지로 듬뿍 찍어 입에 넣고 싹싹 문질렀다. 잠시 후 퉤퉤거리며 뱉어 낸 후에 다시 검지에 소금을 찍어 문질렀다. 이러기를 몇 차례 되풀이하더니 냇물을 한 움큼 입에 넣고 쿨럭쿨럭 헹구어 냈다. 그러고 나서야 냇물을 향해 쪼그리고 앉아서는 후적후적 세수를 하는 것이었다. 비누는 쓰지 않았다.

이 같은 광경은 1950년대 말까지만 해도 시골에서 자주 볼 수 있었다. 그 무렵 치약이나 칫솔이 흔하지 않은 시골에서는 소금으로 양치질을 했다. 양치질에는 하얗고 부드러운 가는소금이 좋으나 가난한 시골 사람들은 값싼 굵은소금을 가루로 만들어 썼다. 양치질 때 굵은소금으로 오래 문지를 경우 잇몸이 붓는 일이 많았다. 그렇다고 모든 사람들이 아침마다 소금 양치질을 하는 것은 아니었다. 학교에 다니는 아이들은 선생님이 양호 검사를 하기 때문에 어쩔 수없이 양치질을 했지만 미취학 아동들이나 무지렁이 농사꾼들은 특별한 날이 아니면 소금 양치질마저 하지 않았다.

가난한 시골 사람들은 소금 대신 몽근 모래로 양치질을 하는 경우가 많았다. 가는 모래로 양치질을 하면 치아가 하얗게 잘 닦였다. 그러나 모래로 양치질을 하게 되면 모래가 치아 사이에 끼기 때문에 여러 차례 입을 헹구어야만 했다. 입을 대강만 헹구고 나면 음식을 씹을 때 모래가 씹히는 일이 잦았다. 여럿이 강변에 나와 모래로 양치질을 하고 나서 퉤퉤거리며 입을 헹구어 내는 모습이 가관이었다. 강변에 산 사람들은 가느다란

버드나무 가지로 치아를 닦기도 했다지만 내가 직접 보지는 못
했다.

1947년에 국산 가루 치약이 처음 선을 보였으나 시골 사람
들은 구경조차 못했다. 내가 가루 치약을 써 본 것은 1960년대
초였던 것 같다. 비닐봉지 속에 든 가루 치약은 박하향의 톡 쏘
는 알싸한 맛이 있었다. 달짝지근한 맛이 있는 가루 치약도 있
어 칫솔질을 하다가 꿀꺽 삼키는 일이 많았다. 그 무렵의 칫솔
은 머리카락처럼 가늘고 부드러워 자주 엉켰다. 그것도 값이 비
싸서 칫솔 하나로 온 가족이 사용하기도 했다. 오늘날의 크림
같은 치약은 1954년에 럭키에서 만들어 냈지만 내 경우는 1960
년대 후반, 대학 졸업 무렵에야 쓰기 시작했던 것 같다. 그 무렵
치약으로 칫솔질을 하는 것을 큰 자랑거리로 생각했다.

치약으로 칫솔질을 하지 않은 시골 사람들은 대부분 평생
을 치통으로 고통을 앓아야만 했다. 병원에 갈 수가 없어 그대
로 치통을 참는 수밖에 없었다. 농사꾼들은 밤새도록 충치에 시
달리느라 잠을 설치고도 날이 밝으면 일을 하기 위해서 들로 나
가기 일쑤였다. 충치가 먹어 도구통(절구통의 사투리로 치아에 구
멍이 파이는 것)이 생기면 소금물을 머금기도 하고 콩을 불에 구
워 파인 구멍에 넣는 것이 고작이었다. 고통이 너무 심해서 참

을 수 없을 때는 양잿물을 넣거나 쇠꼬챙이를 불에 달구어 아픈
치아를 지지는 사람도 있었지만 잘못하면 입 안에 큰 상처를 입
히기 십상이었다.

뽑은 치아는 반드시 지붕 위에 던지며 "까치야, 까치야 헌
이빨 너한테 줄게, 새 이빨 나 주라"고 소리쳤다. 충치를 제대
로 치료할 수 없었던 터라, 오십도 못 되어 치아가 없어진 사람
들이 많았다. 치아가 없어 합죽이가 된 사람들은 십 년도 더 겉
늙어 보였다.

빈대 타작, 이 타작

우리말에 벼룩, 이, 빈대, 진드기 등 사람의 피를 빨아먹는, 물것을 내용으로 하는 속담이 많다. '이 잡듯 뒤지다', '가랑니가 더 문다', '홀아비 삼 년에 이가 서 말', '빈대 잡으려다 초가삼간 태운다', '빈대도 낯짝이 있다', '빈대 붙다', '벼룩도 낯짝이 있다', '벼룩의 간을 내먹다', '뛰어 봤자 벼룩', '진드기 달라붙는 듯하다' 등.

이 같은 물것들은 오랫동안 우리와 더불어 살아왔다. 살충제인 디디티가 들어오기 전까지만 해도 물것 때문에 많은 괴로움을 겪었다. 제대로 먹지도 못한 가난한 사람들은 밤새도록 물 것에 피를 빨리고 잠을 못 자, 얼굴이 늘 누렇게 떠 있게 마련이었다. 그 시절, 아무리 바쁘더라도 낮에는 짬을 내어 옷을 벗고 이를 잡았고 밤에는 한밤중에 일어나 빈대를 잡느라 잠을 설치기 일쑤였다. 바쁜 농사꾼들은 옷을 자주 삶아 입을 수도 없고 목욕을 할 수도 없는 겨울철에는 이가 많이 끓었다. 이가 어찌나 많던지 옷 밖으로 스멀스멀 기어 나올 정도였다. 햇볕이 잘 드는 양지쪽 담 밑에 꼴말(허리춤)을 까고 쪼그리고 앉아 이를 잡는 남자들의 모습을 흔히 볼 수가 있었다. 어머니들은 참빗으로 딸의 머리를 빗어 이를 잡고 손톱으로 서캐를 으깨 죽이는 것이 일과 중의 하나였다. 머릿니는 여자들 머리에 붙어살고 몸니는 옷의 솔기마다에 깊숙하게 숨어 살았다. 오랫동안 피를 빨아먹어 뚱뚱하게 살이 찐 뚱니를 손톱으로 으깨면 뻘건 피가 툭 솟을 정도다. 오죽 물것이 많았으면 빈대 잡는 것을 빈대 타작, 이 잡는 것을 이 타작이라고 했을까.

　이를 대량 학살(?)하는 데는 화롯불이 최고다. 잉걸불에 재를 덮어 적당하게 불길을 가라앉힌 화로 위에 옷을 뒤집어씌우고는 낭창낭창한 회초리로 옷을 두드리면 솔기에 숨어 있던 이가 불에 떨어졌다. 불에 떨어진 이가 불에 타 죽느라, 후두두두

콩 볶는 소리를 낸다. 밀가루를 뿌려 놓듯 서캐를 실어 놓은 머리에 뜨거운 물을 부어 머리가 홀랑 빠진 여자도 있었다.

물것 중에서도 가장 견딜 수 없는 것이 빈대다. 이는 간질 간질하게 물고 벼룩은 따끔따끔하게 문다. 벼룩은 한 마리가 한 번 물면 끝이지만 이는 계속해서 물기 때문에 참을 수가 없다. 낮에 들일을 하고 밤늦도록 길쌈 일을 하느라 지친 몸으로 잠자리에 들면, 이가 무는 것쯤 느끼지 못할 때가 많다. 그러나 아무리 깊은 잠에 빠져도 빈대한테 물어뜯길 때는 참을 수가 없다. 빈대는 계속 바늘로 콕콕 쑤셔 대는 것처럼 물어 대기 때문이다. 오죽했으면 절에 빈대가 들면 부처님도 떠난다고 했을까. 빈대는 벽이나 가구, 벽지의 틈새에 숨어 살며 밝을 때는 나타나지 않기 때문에 잡기도 어렵다. 불을 끄고 한참 있으면 방 안의 모든 틈새에 숨어 있던 빈대들이 떼를 지어 공격을 해 온다. 그러므로 빈대를 잡으려면 일단 불을 끄고 얼핏 한숨 자고 일어나야 한다.

소금 장수며 솔장수 등 떠돌이 장사꾼들이 묵어가는 우리 집 사랑방은 유독 빈대가 끓었다. 방에 들어서면 노린내 냄새보다 더 고약한 냄새가 혈관 속까지 파고드는 것 같았다. 사랑방의 벽에는 으깨 죽인 빈대들의 핏자국과 똥으로 얼룩져 있었다.

이모들이 집에 온 어느 날, 나는 사랑방에서 훈장님과 잠을 자게 되었다. 그날 밤 나는 늙은 훈장님과 함께 호롱불을 키고 새벽녘까지 빈대를 잡았다. 까무룩 잠이 들려는데 훈장님이 부스럭거리더니 불을 켜고는 파리채로 방바닥을 내리쳤다. 깜짝 놀라 일어나 보니 수십 마리의 빈대들이 일시에 벽을 타고 도망치는 것이었다. 훈장님과 나는 빈대를 박살하기 시작했다. 많은 빈대들은 순식간에 벽을 타고 올라가 손이 닿지 않은 천장의 틈새로 숨어 들어갔다. 훈장님은 다시 화롯불에 달군 부젓가락으로 여기저기 틈새를 쑤셔 대느라 밤을 꼬박 새웠다. 사랑에 혼자 빌붙어 사는 훈장님은 밤마다 빈대 잡는 것을 은근히 즐기고 있었는지도 몰랐다.

털메기 신고 학교 가다

6 · 25 전까지만 해도 시골의 초등학교 아이들은 짚신을 신고 학교에 다녔다. 가난한 집 아이들이 신은 짚신은 모숨을 굵게 하여 거칠게 삼은 털메기가 고작이었다. 삼이나 노 따위로 삼은 여섯 날의 미투리나 칡덩굴 속껍질로 삼은 청올치는 있는 집 아이들이나 신었다. 그나마 학교에 다니지 않은 아이들은 겨울을 제외하고는 거의 맨발로 살았다. 양말을 사 신기가 어려웠던 시절이라 버선발에는 차라리 짚신이 편했다. 가난한 사람들은 추운 겨울에 버선도 못 신고 고작 감발(헝겊 따위로 발을 감은

것)을 하였기에 짚신이 제격이었다. 그래서 '짚신에 감발'이라는 말이 있었다. 짚신은 신축성이 있어 발이 편했고 통풍이 잘 되어 무좀이 생기지도 않았다. 털메기를 신고 학교에 가서는 교실 밖에 아무렇게나 벗어 놓고 내 것 네 것 구별하지 않고 발에 꿰면 그만이어서, 신을 잃어버릴 걱정 따위는 하지 않아도 되었다.

서민들이 신은 털메기는 바닥이 쉽게 닳아 오래 신지 못했다. 그 시절 시골에는 학교가 가까운 곳에 있지 않고 보통 십 리나 이십 리 쯤 멀리 떨어져 있었고, 수업이 끝나도 해찰을 하고 해넘이 무렵에야 집에 돌아오게 마련이라, 털메기 한 켤레면 일주일도 못 신었다. 한여름에는 자주 물을 축여 가면서 신으니 조금 덜 닳았다. 그래서 먼 길을 가는 사람들은 여러 켤레의 짚신을 허리에 꿰차고 길을 떠나야만 했다. 전라도에서 서울까지 갔다 오려면 두 죽 정도는 필요했다.

나는 초등학교 3학년이 되어서야 짚신 대신 고무신을 신었다. 아버지께서 처음으로 말표 검정 고무신을 사 오셨을 때 나는 눈물이 나도록 감격했다. 새 고무신에서는 비릿하면서도 상큼한 석유 냄새가 났는데 그 냄새가 너무 좋아 볼에 비벼 대면서 냄새를 맡았다. 나는 그날 밤 고무신을 꼭 안은 채 잠이 들었다. 학생들 중에서 고무신을 신은 아이들은 몇 명 되지 않았기 때문에 잃어버리지나 않을까 걱정이었다. 그래서 교실에서도 겨드랑이에 끼거나 가슴에 품고 공부를 했다.

고무신이 있으면 멱을 감을 때 물위에 띄워 놓고 징거미, 기름종개, 버들치 같은 물고기를 잡아서 넣고 놀았다. 한 번은 새 검정 고무신을 동동 띄워 놓고 고기잡이를 하며 놀다가 떠내려간 것도 몰랐다. 떠내려간 고무신을 찾기 위해 하천을 따라 아랫마을까지 갔다가 날이 저물어서야 고무신 한 짝만을 손에 들고 울며 돌아온 적이 있었다. 고무신 역시 질기지 않아 쉽게 바닥이 닳고 자주 옆구리가 찢어지곤 하였다. 옆이 찢어지면 바늘로 대충 기워서 신었고 바닥이 닳으면 장터에 가지고 가서 가죽으로 밑창을 대야만 했다.

비가 오는 날이면 나막신을 신었으며 더러는 '게다' 라고 하는 일본 나막신을 신은 사람도 있었다. 비 오는 날 시골에서 고무장화 신은 사람은 거의 찾아볼 수도 없었고 똑딱단추가 달린 반장화(일본 말로 아마구스)를 신었던 것도 훨씬 훗날의 이야기다. 반장화를 신고 걸으면 똑딱단추가 서로 부딪쳐서 딸그닥거리는 소리가 났는데 나는 그 소리가 그렇게 좋았다. 반장화는 비 오는 날에 신는 신이지만 쾌청한 날에도 구두나 농구화 대신 많이 신고 다녔다.

중학교에 들어가서야 나는 처음으로 운동화를 신었다. 처음에는 검정 운동화만 신다가 흰 운동화도 사 신었다. 색이 바래면 분필로 새하얗게 덧칠을 해서 신었다. 그 무렵에는 타이어를 얇게 조각을 내어 만든 타이어 구두가 유행하기도 했는데 맵시가 너무 투박했다. 중학생들 중에는 비싼 가죽 구두를 신은 친구들도 더러 있었다. 어느 날 내 짝꿍 종호가 코끝이 뾰쪽한 검정 구두를 신고 학교에 왔다. 번쩍번쩍 광을 낸 구두를 신은 종호는 걸음걸이부터가 달라 보였다. 더욱이 구두창에 징까지 박아 잔뜩 뻐기는 폼으로 걸음을 걸을 때마다 나는 경쾌한 소리가 너무 좋아, 온종일 종호 뒤꽁무니를 따라다녔다. 나는 종호한테 구두를 한 번만 신어 보자고 사정을 했으나 들어주지 않았다. 결국 나는 자장면 두 그릇을 사 주고 하루 동안 내 검정 운동화와 구두를 바꿔 신고 수탉처럼 뻐기는 걸음걸이로 온 도시를 쏘다녔다.

마을에는 어른이 있었다

옛날에는 마을마다 꼭 어른이 있었다. 설날에는 맨 먼저 이 어른에게부터 세배를 드렸고 먼 길 떠나거나, 오랜만에 타지에서 돌아왔을 때도 반드시 마을 어른부터 찾아뵙고 인사를 올렸다. 어른은 마을의 자잘한 일에 시시비비를 판가름해 주고, 잘못한 사람에게는 합당한 징치를, 잘한 사람에게는 칭찬을 아끼지 않았다. 혼사 같은 집안의 큰일을 치를 때는 물론이고 흉사를 당할 때도 어른의 조언을 듣게 마련이었다.

면장이나 지서장, 학교장 등 면단위 기관장이 부임을 해 오면 반드시 마을 어른을 찾아와서 인사를 드렸다. 군수나 경찰서 장 같은 지위 높은 기관장이 부임 인사를 오는 경우도 있다. 이 때문에 마을에 어른이 존재한다는 것은 몇백 년 된 당산나무가 있는 것만큼이나 마음 든든한 일이었다. 마을 사람들은 자기 마을에 존경받는 큰 어른이 살고 있다는 사실을 자랑스러워했다.

마을 어른의 존재는 행정의 책임자인 이장이나 구장과는 달랐다. 마을 어른은 말하자면 정신적인 지주와 같은 존재로, 올바른 삶의 길잡이 역할을 해 주었다. 이 때문에 마을 사람들은 누구나 어른의 눈 밖에 나지 않으려고 애썼으며 어른 앞에서는 늘 조신하게 행동했다. 특히 젊은이가 어른 앞에서 예의에 벗어난 행동을 하거나 정도에 어긋난 일을 했다가는 당장 "아무개 자식 느자구가 없다"거나, "싸가지 없는 호로불쌍놈의 자식"이라는 지탄을 받았다. 어른의 눈 밖에 나면 아무리 개과천선을 한다 해도 한번 덧씌워진 불명예를 씻기가 결코 쉽지가 않았다.

어떤 사람이 마을의 어른이 될 수 있는가. 물론 어른이 될 수 있는 조건이 따로 정해진 것은 아니다. 부자이거나 나이가 많다고 해서 다 어른이 되는 것도 아니다. 어른은 이장이나 구장처럼 임명이나 선출을 통해서 되는 것이 아니라, 오랜 시간한 마을에서 같이 살아오는 동안, 이심전심으로 마음이 하나로 모여져 결정된다. 평소 마을 사람들로부터 칭송을 받아 왔던 사람이 어느 날 갑자기 자연스럽게 어른이 되어 있게 마련이다. 물론 덕망이 높아야 하고 옳고 그름을 가려낼 수 있는 판단력이 뛰어나야 하며 어느 정도의 학식이 뒷받침되어야 한다. 그러나 무엇보다 중요한 것은 함께 살아오는 동안 그가 보여 준 총체적 삶의 행실이 결정적으로 영향을 미치게 되는 것이다.

우리 마을에도 어른이 있었다. 밭 한 뙈기 없이 가난한 훈장님은, 뒷고샅 막창의 허름한 초가에서 부인과 둘이서 살았다. 성질이 꼬장꼬장한데다가 사사건건 간섭하기를 좋아해 모두들 한사코 그를 피했다. 그런데도 하루에도 두서너 번씩은 훈장님과 마주치곤 했다. 상투머리에 반듯하게 갓을 쓴 훈장님은 긴 장죽을 들고 당산나무가 있는 돈대(墩臺)에 나와 있기를 좋아했다. 돈대의 당산 돌에 앉아서 아이들이나 젊은이들이 지나는 것을 유심히 지켜보고 있다가, 걸음걸이가 좀 이상하다거나 건성으로 인사를 하면 큰 소리로 불러 세워 놓고 호통을 치기 일쑤였다. 이 때문에 마을 아이들은 훈장님과 마주치는 것이 싫어서, 학교 오갈 때나 큰 보로 멱 감으러 갈 때는 돈대를 피해 대밭 모퉁이를 한참 동안 휘돌아가곤 했다.

우리는 지금 어른이 없는 시대에 살고 있다. 분명 잘못된 행실을 보고도 따끔하게 꾸짖어 주는 사람이 없다. 이제 아무도 어른을 무서워하지 않는다. 스스로 어른이기를 포기하는 사람은 어른 대접을 받을 수 없다. 어른이 없는 사회는 방종과 교만과 무질서와 이기주의가 판치게 되어 있다.

3장

세상 밖으로 난 창

아이덴티티 카드

　여름철엔 손지갑을 몸에 지니고 다니기가 여간 불편한 게 아니다. 얄따란 지갑이면 몰라도 내용물이 많을 경우에는 바지 주머니에 넣고 다니기가 부담스럽다. 게다가 소매치기를 당해 본 경험이 몇 번 있는지라, 지갑을 갖고 다니기가 불안하기까지 하다. 요즘 사회생활을 하는 사람이 평소에 몸에 지니고 다녀야 할 것이 어디 지갑뿐인가. 아파트 열쇠, 자동차 열쇠, 사무실 열쇠 등 열쇠 묶음은 필수고 휴대전화도 있지 않은가. 이 때문에 외출할 때면 지갑, 휴대전화, 열쇠 꾸러미 등을 챙기느라 허둥

대게 마련이다.

　나는 양복저고리를 입지 않을 때는 되도록 아무것도 몸에 지니지 않는 버릇이 있다. 밖에 나가 쓸 지폐 몇 장을 바지 주머니에 쑤셔 넣으면 마음까지도 가뿐해지는 것 같다. 불의의 사고를 당했을 때 신원 확인이 가능하도록 명함이나 한 장 티셔츠 주머니에 넣고 나가는 것으로 충분하다. 이 때문에 가끔 운전 면허증을 지갑에 넣어 두고 운전을 하게 되거나 돈 한 푼 없이 밖에 나왔다가 낭패를 당하는 경우도 종종 있다.

　나는 오늘도 친구와 약속이 있어 외출 준비를 하면서 몸에 지니고 나갈 것들을 대강 챙겨 보았다. 지갑이 부피도 크고 무게 또한 묵직하다. 내 지갑에는 터질 듯이 내용물이 가득 들어 있다. 주민등록증, 운전 면허증, 교수 신분증, 신용카드, 2장의 비행기 마일리지 카드, 철도 회원 카드, 교원 공제 회원 카드, 교통 카드, 정유 회사 카드 등등. 이외에도 내 지갑 속에는 내 명함 몇 장과 전화번호를 적은 작은 수첩, 그리고 만 원짜리 지폐 몇 장이 들어 있다. 하나하나 따져 보면 세상 살아가는 데 모두 필요한 것들이다. 물론 집에 내놓은 것도 몇 가지가 더 있다. 호텔 할인 카드, 자동차 보험 카드, 백화점 카드 등은 지갑에 넣고 다니지 않는다.

이것들을 모두 지갑에 넣고 다녀야만 하는 것은 아니다. 꼭 필요한 운전 면허증이나 신용카드 한 장이면 충분할지도 모른다. 그래서 나도 한동안은 그렇게 해 본 적도 있다. 그런데 그게 간단한 문제가 아니었다. 비행기를 타게 될 때마다 마일리지 카드와 할인 혜택을 받기 위한 신분증을 일일이 찾아가지고 나간다는 게 오히려 번거롭고 불편했다.

언제부터 우리가 이렇게 지갑에 넣고 다니는 것이 많아졌는가. 언제부터 우리는 나를 증명하고 보증하는 이따위 증명서나 카드를 지녀야만 했는가. 이 사회는 한 사람의 존재를 이따위 증명이나 카드를 통해서만 믿고 보증하게 되어 있다. 가령, 내가 살고 있는 곳 식당에서, 음식을 먹고 나는 대학교수인 누구이니 외상으로 해 달라고 하면 그렇게 하라고 하겠는가. 식당 주인은 내 말을 믿지 않을 것이 분명하다. 별 미친놈 다 봤다고 할지 모른다. 식당 주인은 나를 믿는 게 아니라 내 신분증과 신용카드만을 믿는다. 익명의 사회에서 이미 인간의 존재는 신뢰를 잃어버린 지 오래다. 그래서 더욱 속고 속이는 사람도 많다. 신분증이나 신용카드가 없었던 시절에는 사람 그 자체를 믿었다. 그리고 말을 믿었다. 나는 어디 사는 누구의 아들 아무개며 무슨 일을 한다고 하면 모두 그렇게 믿었다.

나는 이미 오래전 세상을 뜨신 아버지의 도민증을 갖고 있
다. 아버지의 유일한 신분증이었던 셈이다. 농사꾼이셨던 아버
지께서는 먼 곳에 출타할 일이 별로 없으셨겠지만 도민증을 가
지고 다니지도 않으셨다. 그래서인지 49년이나 지난 아버지의
도민증은 종이 색깔만 바랬을 뿐 아직도 그대로다. 아버지의 도
민증 사진은 쑥대머리에 두 눈만 퀭하고 수척한 얼굴이시다. 아
버지가 도민증을 처음 만들었던 때가 6 · 25가 막 끝난 1953년
쯤이었던 것 같다. 어느 날 면서기가 사진사를 동반하고 마을에
나타나 들에서 나락을 베고 있던 아버지의 도민증 사진을 찍었
던 것으로 기억난다. 머리를 빗거나 수염을 자를 여유도 없었
다. 그때 나는 중학교 1학년이었는데 농번기를 맞아 집에 왔다
가 서투른 솜씨로 50개도 더 되는 목도장을 팠던 기억이 있다.
도민증 신청서에 찍을 도장이 필요했는데 산골에 도장 집이 있
을 리가 없어, 마을 사람들 도장을 내가 파 주었다. 별로 솜씨가
없던 나는 붕어 모양의 칼집이 달린 주머니칼을 날카롭게 갈아
서 단단한 박달나무에 도장을 파 주었다. 도장 한 개에 나무 한
짐을 해 주기로 했다. 그 덕에 우리 집 마당은 나무 짐이 가득했
고 그해 겨울을 따뜻하게 보낼 수 있었다.

　아버지의 오래된 도민증을 볼 때마다 나는 신뢰에 대해서

생각해 본다. 옛날에는 신분증이나 신용카드가 없이도 서로 믿고 돈을 빌려 쓸 수 있었다. 그 시절에는 무엇보다도 사람을 믿었다. 그러나 지금은 사람 대신 신분증이나 신용카드만을 믿는다. 신용 사회에서 신용 불량자는 이미 그 존재 가치를 잃어버린 거나 같다. 신분증이나 신용카드가 인간의 정체성을 대신하고 있다는 말인가. 사람을 믿는 시대는 영원히 회복할 수 없단 말인가. 나는 오늘도 지갑을 집에 두고 자유롭고 홀가분한 마음으로 외출을 한다. 인간에 대한 믿음 하나만을 마음속 깊은 곳에 보석처럼 소중하게 간직한 채.

정서 불감증 사회

인간이 다른 동물과 크게 다른 점은 감정을 갖고 있는 것이라고 한다. 인간은 다른 동물들에 비해서 아름다움을 느낄 줄 알고 슬픔과 기쁨을 표현할 줄 안다. 그것은 인간이 정서적 동물이기 때문이다. 정서는 사람에 따라서 차이가 있다. 환경에 따라 다르게 형성되는 정서는 인격이나 인생관에도 큰 영향을 끼치게 된다.

그 때문에 정서가 풍부한 사람은 이 세상의 여러 가지 색깔을 모두 느낄 수 있다. 우리 눈에 보이는 세상의 색깔은 결코 일곱 가지 무지개 빛깔만은 아니다. 광학적으로 분석하면 이 세상에는 수만 가지의 색깔이 존재한다고 하지 않은가. 그리고 세상이 갖고 있는 다양한 색깔은 저마다의 특성을 지니고 있기 마련이다. 오늘날 지구상의 인구가 50억이라고 하는데 어쩌면 이 세상의 색깔도 50억 가지쯤 되고 이 많은 색깔은 저마다 독특한 개성을 가지고 있을지도 모른다.

사람이 여러 가지 색깔을 느끼며 산다는 것은 이 세상의 희로애락(喜怒哀樂)을 충분히 이해한다는 것과 같다. 그리고 희로애락을 제대로 느끼며 산다는 것은 인생에 대한 깊은 이해와 인식의 폭이 그만큼 넓다는 것을 의미하기도 한다. 어찌 생각하면 요즘 흔히 말하는 '삶의 질'이라는 것도 문화와 문명의 혜택을 많이 받아 편리한 삶을 누린다는 것보다는 정서적으로 풍부한 삶을 뜻하는 것인지도 모른다. 그 때문에 옛날 사람들은 '잘산다'는 삶의 가치 기준을 물질의 풍요로 따지기보다는 '정신적이고 도덕적인 삶'에 더 큰 비중을 두었었다. 그래서 정서 교육을 매우 중요시했다.

그런데 요즘에는 인간은 정서적 동물이라는 말이 인간은 실용적 동물이라는 것으로 바뀌어 버린 듯한 느낌이다. 모든 인간의 가치를 실용성의 기준에 따라 판단하려고 하기 때문이다.

사회에서는 실용적 기능이 있는 사람만을 원하고 있다. 그런가 하면 개인들도 친구를 사귀거나 배우자를 선택할 때도 실용성, 즉 실리를 계산하는 풍조가 만연해 가고 있다. 실용적 가치가 없는 사람은 친구로 사귀려고 하지 않은 사회가 된 것이다.

요즘 사람들은 풍부한 정서를 가슴에 담고 살기보다는 용량이 많은 컴퓨터를 더 필요로 한다. 인간의 정서적 표현보다는 컴퓨터가 지시하는 코드 랭귀지(cord language), 즉 '과학적 지시어'를 더 믿으려고 한다. 인간의 모든 정서적 표현은 불신을 받고 있는 것이다. 요즘 사람들, 특히 젊은이들은 컴퓨터를 인간보다 더 믿고 의지하기 때문에 진정한 친구를 사귀지 못한다고 한다. 인간과 인간의 뜨거운 정서 교감이 없는 사회야말로 '정서 불감증 사회'가 아니고 뭔가. 모든 사람들이 가슴에 철판을 깐 채 실용성을 따지는 계산기를 가지고 사람을 대한다면 이 사회는 얼마나 삭막하고 쓸쓸해지겠는가. 결국 이렇게 되면 인간들은 이웃을 잃고 고립된 '가정의 캡슐' 안에 갇혀 살면서 개인주의와 이기주의에 집착할 수밖에 없다. 이런 사회야말로 지옥이 아니고 뭐겠는가.

특히 요즘 아이들은 정서가 부족하기 때문에 느낌도 단순하다. 그 때문에 '적과 나', '좋은 것과 나쁜 것', '이익과 손해'

라는 이분법적 사고에 얽매어 있다. 이해나 양보의 미덕이 부족한 탓도 정서 결핍에서 비롯된 것이라고 볼 수 있다. 정서 결핍으로 감동도 없다. 아무리 비싼 선물을 사 주어도 크게 기뻐할 줄 모른다. 요즘 어린아이들에게 비싼 장난감을 사 주어도 금방 싫증을 내고 다시 새 장난감을 사 달라고 조르는 것도 감사할 줄 모르기 때문이다. 우리들이 자랄 때 부모님이 운동화만 한 켤레 사 주어도 너무 감격해서 밤새도록 잠을 못 이루던 이야기는 전설처럼 굳어져 버리고 말았다.

큰 기쁨을 모르는 사람은 큰 슬픔도 느끼지 못한다. 요즘 아이들은 주변에서 이웃들이 불행한 일을 겪는 것을 보고도 자기 일이 아니라고 생각하고 별로 관심을 나타내지 않는다. 할아버지나 할머니의 죽음에 대해서도 별로 슬퍼할 줄 모른다. 슬픔의 눈물을 흘릴 줄 모른다. 불행한 사람을 봐도 연민의 정을 느낄 줄 모르고 아무리 아름다운 것을 봐도 그 아름다움을 마음속에 오랫동안 소중하게 간직하려고 하지 않는다. 어쩌다가 아이들을 데리고 경치 좋은 곳으로 놀러가서 자연경관의 아름다움에 감탄을 금치 못하면서 아이들을 볼라치면, 그들은 자연의 아름다움에는 전혀 관심을 보이지 않고 그저 춤이나 추고 흔들어대면서 놀려고만 한다. 인간과의 친화력이 부족하기 때문에 자연의 아름다움에도 관심이 없는 것이다. 감동할 줄 모르고 아름다운 것을 아름답게 볼 줄 모르는 사람은 얼마나 슬픈 존재인가. 기쁨, 슬픔, 감사하는 마음을 모르는 대신에 이기심, 시기심, 욕심, 증오심, 경쟁심, 복수심으로 가득 차 있는 사람은 더욱 슬픈 존재이다.

우리의 다음 세대들이 인간답게 살게 하기 위해서는 정서를 되살려 주어야 한다. 정서를 되살리면 사랑과 이해심과 도덕과 윤리도 살아난다. 이름 모를 풀꽃의 아름다움이나 나비 한 마리에서 생명의 신비로움을 느낄 수 있게 해야 한다. 정서는 바로 인간만이 갖고 있는 가장 아름다운 감정이다.

그래도 교실은 희망이다

중·고등학교 교실이 붕괴되었다고 한다. 대학 입시를 위한 교육제도 때문에 이미 학교는 죽어 있었다. 교외지도는 옛말이고 이제는 교실 안에서조차 학생들은 교사의 통제권을 벗어나 버렸다. 정신을 집중해서 제대로 수업을 할 수 없을 정도로 교실 분위기가 어수선하다는 것이다. 학원이나 개인지도를 통해 예습을 해 온 학생들은 선생님의 수업을 무시하기 일쑤고, 입시와 무관한 수업 시간에는 절반이 넘는 학생들이 책상에 머리를 박고 잠을 자게 마련이라고 한다.

어느 국어 교사는 요즘에는 아무리 감동적인 시를 읽어 주어도 눈물을 흘리는 학생이 없다고 한다. 이같이 감동을 모르는 불감증 학생들은 졸업 후에도 기억에 남는 선생님이 없다고 큰 소리로 말한다.

교사들은 붕괴된 교실을 되살릴 수 없다는 것을 잘 알고 있다. 원래 학생을 가르치는 일을 '교편을 잡는다' 고 했다. 교편(教鞭)은 수업에 사용하는 작은 막대기를 말한다. 교사들은 이미 교편을 던져 버린 지 오래다. 물론 체벌을 할 수가 없어서 교실이 붕괴된 것은 아니다.

교실이 붕괴된 첫 번째 원인은 그동안 인성 교육을 소홀히 하고 입시 위주의 기능주의 교육에만 치중해 온 결과이다. 두 번째는 세상과 학생이 엄청 변했는데 교사의 교육 방법은 그대로기 때문이다. 19세기 교실에서 20세기 교사가 21세기의 아이들을 가르치고 있다. 교사가 옛날에 배웠던 교과서를 지금의 학생들에게 가르치고 있다는 것이 문제다. 사이버 공간을 마음껏 누비고 DDR 춤추기를 즐기는 아이들에게 퀴리부인전이나 케케묵은 독립군 이야기가 무슨 흥미를 끌 수 있겠는가.

정부는 세계화 정보화 시대 교육의 담론으로 인간주의 교육 철학에 비중을 두고 지식 기반 국가를 만들기 위해 '새 학교

문화 운동'을 강조한 바 있다. 입시 위주의 공급자 중심 지식 전달 교육을 지양하고 다양한 능력 개발과 창의성을 신장시키기 위한 수요자 중심 교육을 펼쳐 나간다는 계획이다. 그러나 교육 현장에서는 전혀 실현되고 있지 않다.

붕괴된 교실을 되살리기 위해서는 먼저 교육의 주체가 누구인가를 분명히 할 필요가 있다. 학생의 인격을 손상하지 않고 잠재력을 최대한 발현시킬 수 있으려면 학생이 자기 주도력으로 학습 능력을 배양해야 한다. 학생 스스로 자기 주도력으로 학습을 하여 자신의 적성을 발견하고 키우며 공동체 의식을 가질 수 있게 하는 것이 시급하다. 그렇게 하기 위해서는 권위적 교육에서 민주적 교육으로, 수직적 교육에서 수평적 교육으로, 교육 행정 중심 교육에서 교사 중심 교육으로 그 패러다임의 전환이 필요하다. 이와 함께 교육 내용과 교사들의 의식, 그리고 교육 방법에 변화가 선행되어야 한다. 무엇보다 21세기의 새로운 가치관을 수용하는 교육이 되게 하기 위해서 교사의 창조적 변신이 중요하다. 그런 점에서 21세기의 교사는 예술가여야 한다.

김용택 시인은 전북 임실 미암 분교 교사이다. 그는 전교생이 18명인 이 학교에서 매주 토요일마다 학생들에게 시를 쓰게

한다. 글쓰기를 통해 세상을 향한 건강한 눈뜨기를 가르치고 있
는 것이다. 지난봄에는 전교생이 써 낸 시집 《학교야, 공차자》
를 펴내기도 했다. 이 학교의 교실은 언제나 사랑과 존경과 믿
음과 희망으로 가득 차 있다. 동수라는 학생이 쓴 '사랑'이라는
시는 꾸밈이 없이 정직하다.

나는 어머니가 좋다. 왜냐면 그냥 좋다.

언어를 통한 더 이상의 설명이 필요 없는 짧은 이 시에서
우리의 희망은 아직 교실에 있음을 알 수 있다. 그래도 교실은
우리들의 희망인 것이다.

기자의 피

누구나 나이가 들면 인내심이 생기고 모난 데가 없어져 성격이 원만해진다고 한다. 그런데도 나는 환갑이 넘은 나이에도 정의롭지 못한 것, 눈에 거슬리는 점을 발견하면 핏대를 올리고 시시콜콜 비판하며 따지는 버릇이 있다. 조금 못마땅한 점이 있더라도 나와 상관없는 일이면 그냥 모르는 척 눈감아 버리면 마음이 편할 텐데 말이다. 아마 이건 내 몸속에 기자의 피가 흐르고 있기 때문이리라. 처음 기자가 되었을 때 선배님들로부터 들었던 "한번 기자의 피를 수혈받게 되면 영원한 기자가 된다"라는 말이 맞는 것 같다.

내가 신문기자가 되었던 것은 어쩌면 선천적으로 내 몸속에 기자의 피가 흐르고 있었기 때문인지도 모를 일이다. 고등학교 독일어 교사였던 나는 1965년도에 내 깜냥에는 어렴풋하게나마 정의감이나 사명감 같은 것을 느끼고 주변의 만류를 뿌리친 채 신문기자 시험을 보았던 것 같다. 그 시절에 신문기자가 되는 것은 단순히 일자리를 얻는 취직이 아니었다. 서슬 퍼런 군사독재하에서 올곧은 신문기자가 된다는 것은 민주주의를 위해 투쟁의 대열에 설 각오가 되어 있다는 뜻이었다. 그런데도 나는 우리의 삶이 어둡고 불안한 속박의 터널 속에 매몰되고 있을 때, 아이들을 가르치는 일보다는 당대 우리의 삶에 대한 기록을 철저히 하고 싶어 안정된 교사 자리를 그만두고 기자의 길을 선택했던 것이다.

기자가 되어 처음 관심을 갖고 쓰기 시작한 것이 궁핍한 시대에 자유도 희망도 없이 살아가는 밑바닥 사람들의 이야기였다. '밑바닥'이라는 제목으로 다리 밑에 방을 만들어 오불오불 엉켜 사는 사람들을 비롯하여 역 대합실 가족, 판자촌 사람들을 시리즈로 쓰기 시작했다. 이 시리즈는 결국 타의에 의해 중단되고 말았지만 나는 그때 뿌리 뽑힌 밑바닥 사람들의 삶을 통해서

당대 사회의 문제점과 모순을 보다 확연하게 인식할 수 있게 되었다.

그때는 쓰고 싶은 것을 제대로 쓸 수가 없었다. 기자들은 걸핏하면 붙들려 가서 곤욕을 치르기 일쑤였다. 나 역시 농우 떼죽음으로 사람이 쟁기를 끄는 사진과 기사를 실었다고 해서 정보부에 끌려간 일이 있었다. 거기에다 월급도 변변치 않아 가족을 부양하기가 힘들었다. 오죽했으면 결혼식 때 친구들이 사준 탁상시계며 선물로 받은 성경, 국어사전까지도 팔아먹었겠는가. 이 같은 어려운 환경 속에서 소주 한잔에 켜켜이 쌓였던 불만과 궁핍의 고통을 삭이면서도 그 기개는 꺾이지 않았다. 기자들은 "기삿거리가 없는 천국보다는 써야 할 것이 넘치는 지옥을 선택하겠다"고 소리치곤 했다. 그만큼 나름대로 민주주의 실현을 위한 신념을 갖고 있었던 것이다.

군사독재를 체험한 기자들은 6월 항쟁과 5·18 광주 항쟁과 같은 역사적 격동기를 겪으면서, 행간에 작은 진실 하나라도 숨기기 위해 온갖 머리를 다 짜내곤 했다. 1단짜리 데모 기사를 위해 목을 걸어야 할 때가 많았다. 1단짜리의 진실이 보도되는 날은 세상을 얻은 듯 기고만장하기도 했다. 그만큼 신념과 열정이 살아 있었다. 그것은 뜨거운 기자의 피가 흐르고 있었기에 가능했다.

그러나 오늘의 기자 상은 열정도 신념도 사라져 버린 것만 같다. 군사독재가 끝나고 싸워야 할 대상이 없어진 1990년대에 들면서부터 기자들은 앞 다투어 권력에 편승하기를 원했고 배부른 것만으로 만족해하는 샐러리맨으로 전락한 것처럼 보인다. 진정한 의미의 언론 자유는 권력으로부터 해방이 아닌 자본으로부터의 독립이 가장 절실한 화두가 되고 있는 지금, 기자는 역사 발전의 중심축으로부터 멀어지기까지 하였다.

기자 정신을 저버린 배부른 샐러리맨도 좋고 거대 담론에 대한 외면도 좋다. 그렇다고 해도, 독립운동 시대의 지사적 양심과 투혼을 바라는 것은 아니지만, 최소한 기자로서의 신념만큼은 회복되었으면 한다. 혼돈의 정보 홍수 시대에 살고 있는 지금 무엇이 진실인가를 밝혀내기 위해서는 신념 하나만이라도 굳건히 지켜야 하지 않겠는가. 디지털 시대 무엇 하나 빠르지 않은 것이 없는 오늘날 빠른 뉴스는 별로 큰 의미가 없다. 국민은 무엇이 진실이며 그 진실이 어디에 어떻게 숨겨져 있는가를 알고 싶어 한다. 어정쩡한 양비론의 입장으로 여론을 호도하는 일에 익숙해진 기자는 진실의 수호자가 될 수 없다. 이 시대 진실의 수호자가 되기 위해서는 의식이 뚜렷한 자기만의 렌즈로 진실을 들여다보아야 한다. 디지털 시대 기자의 정체성 확립을 위해서도 분명한 자기 색깔과 목소리를 내는 기자 정신이 필요한 것이다. 그러기 위해서 기자의 체온이 조금 낮아질 필요가 있다. 휴머니즘과 뜨거운 피가 강조되었던 지난 시대의 기자들 체온은 보통 사람보다 높을 필요가 있었지만, 싸워야 할 대상이 독재 권력이 아닌데다가, 지금 같은 정보의 홍수 시대에는 차가운 체온으로 냉철하게 사건의 본질을 꿰뚫어 보는 것이 중요하다.

기자적 신념은 어디에서 비롯되는가. 역사와 사회를 바로 볼 수 있는 눈높이에서만이 가능하다. 따라서 통일, 인권, 폭력 등 거대 담론을 되살리는 것이 중요하다. 이와 함께 언론이 국민으로부터 신뢰를 회복하기 위해서는 언론 내부의 솔직한 성찰과 뼈저린 반성이 있어야 한다. 이제 언론 개혁은 기자들 자신의 몫으로 남아 있기 때문이다.

부끄러운 봄

지난 주말 동창생 K가 봄나들이도 할 겸, 자기 고향에 개업한 식당에서 점심을 사겠다기에 몇몇이 부랴부랴 서둘러 교외로 나갔다. 우리는 자동차를 몰고 담양 쪽으로 향했다. 어느덧 산야에는 벚꽃과 살구꽃이 지고 신록이 온 세상을 싱그럽게 뒤덮고 있었다. 바람이 건듯건듯 불어 1980년 5월의 그날처럼 송홧가루가 온통 부옇게 날렸다. 우리는 메타세쿼이아 가로수 터널 길을 지나 담양댐 쪽으로 휘어들었다. 광주에서 담양까지 가는 동안, 경관이 그럴싸한 국도 변에는 어김없이 가든 식당들과 모텔들이 자리를 잡고 있었다.

"실은 서울에서 실직을 당한 내 동생이 고향에다 식당을 하나 냈는데 파리를 날리고 있다기에 매상 좀 올려 주려고 자네들을 데리고 가는 거네."

K는 어색하게 웃었다. 주말이라 자동차가 국도를 꽉 메우다시피 했다.

K의 고향 마을 앞에는 연초록 잎이 구름처럼 피어오른 큰 느티나무가 서 있었다. 그리고 그 마을에도 어김없이 가든 식당과 모텔이 들어서 있었다. K는 그의 고향이 옛날답지 않게 변질되어 버린 것을 못내 안타까워했다. 젊은이들은 모두 떠나고 살아 있는 송장(K는 노인들을 그렇게 표현했다)들만 남은 농촌에 자꾸 가든 식당만 늘어난다고 한탄했다. 신문에는 IMF 이후로 귀농이 늘었다고 하지만 막상 농사를 짓기 위해 고향에 돌아오는 사람은 그리 많지가 않다고 했다. 부모들은 자식들이 도시에서 뿌리를 내리지 못하고 고향에 돌아오는 것을 오히려 부끄러워하고 있기 때문이라는 것이다.

우리는 K의 동생이 경영한다는 식당의 느티나무 밑 정자에 앉아서 눈이 푸르러지도록 신록을 감상하며 배불리 오리탕을 먹었다. 식당 손님은 우리 팀 네 사람뿐이었다. 그런데도 식당

에는 도시 티가 나는 종업원 아주머니들이 여러 명 있었다. K
의 말로 시골의 식당 종업원들 중에는 남편들이 실직당한 도시
여자들이 많다고 했다. 점심을 먹고 나서 우리는 다시 장성 백
양사 쪽으로 가다가 '어이, 자네 왔능가' 라는 황토방 전통 찻집
간판을 보고 호기심에 끌려 차를 세웠다. 전통 찻집 주차장에는
꽤 많은 차들이 주차되어 있었다. 그리고 잔잔한 피아노 곡이
흐르는 찻집 안에는 젊은이들이 쌍쌍이 앉아 있었다. 우리도 구
석 자리에 비집고 앉아서 솔잎차를 주문했다. 창밖 소나무 사이
로 넓은 들이 보였고 농부들이 한창 못자리판을 만들고 있었다.
그들은 일을 하면서 전통찻집 쪽을 흘금흘금 바라보았다. 땀 흘
리는 그들이 찻집의 우리를 보고 무슨 생각을 할까 싶어 한사코
시선이 그들을 멀리 비켜 갔다.

그날 광주로 돌아오는 자동차 속에서 우리들의 기분은 자
괴감 때문에 자유롭지가 못했다. 부러운 눈으로 우리를 보는 식
당의 종업원들과 못자리를 만들던 농사꾼들의 시선이 자꾸만
따끔거리는 것 같았다. 차라리 도시락 싸 가지고 무등산에 올라
간 것만 못했다. 이날 밤 뉴스에서 실질 실업자 수가 200만 명
을 육박하고 있다는 보도에 다시 침울해졌다. 더욱이 모 장관의
재산 등록에서 5년 동안에 35억 원이 불어난 것을 보고 괜히 슬

퍼지기까지 했다. 우리 앞의 대자연은 겸허하고 아름다운데 인
간들은 왜 이리 탐욕과 오만으로 세상을 혼탁하게 만드는지 모
르겠다.

월드컵과 정치

반칙이 없는 스포츠 경기는 예술처럼 아름답다. 녹색 그라운드에 펼쳐지고 있는 지구촌의 화려한 축제를 보면서, 우리의 정치도 이렇듯 국민들로부터 갈채와 환호를 받았으면 얼마나 좋을까 싶다. 개인의 기량을 바탕으로 멋진 팀플레이를 보여 주는 축구는 선수 한 사람의 영광보다 공동의 승리를 목표로 한다. 축구가 감동을 주는 것은 이 때문이다. 그래서 스포츠 경기에서는 승자도 패자도 당당하다.

우리의 정치에는 반칙이 난무한다. 그 때문에 우리 정치는 월드컵 기간 더욱 관심 밖으로 밀려나 버렸다. 얼마나 냉담했으면 아파트 단지 앞에서 여자 선거 운동원들이 떼를 지어 모델들처럼 몸을 흔들고 춤까지 추며 관심을 끌려고 하겠는가.

월드컵 경기가 중계되는 같은 시각, TV 채널을 돌리자 정치인들의 지방선거 유세가 한창이었다. 유세 현장은 싸늘했다. 상대 후보를 비방하는 확성기 소리만이 빈 운동장에 공허한 메아리를 남겼다. 청중보다 운동원이 더 많은 정치 현장. 유권자들은 몇 년 전과 똑같은 후보들의 믿을 수 없는 공약 남발과 비이성적 인신공격에 눈살을 찌푸리며 돌아섰다.

우리의 정치판도 월드컵 경기처럼 민주주의의 축제가 될 수는 없을까. 스포츠만도 못한 한국 정치가 부끄럽다. 유권자들은 "지겹기만 한 선거, 제발 빨리 끝나 버렸으면 좋겠다"고들 한다. 이 때문에 이번 지방선거는 사상 최저의 투표율을 보일 것이라고 한다. 우리 정치가 왜 이렇듯 빈사(瀕死)의 늪에 빠져 있는가. 가장 큰 이유는 역시 끝없이 되풀이되는 정치 부패의 악순환 때문이다. 뿌리 깊은 정치권력 부패는 열심히 살아가는 사람들에게 박탈감과 함께, '우리에게 과연 희망이 있는가' 라는 절망과 허탈감을 안겨 주었다.

냉담 속에서도 혼탁은 극에 달하고 있다. 이번 지방선거의 불법행위는 지난 선거에 비해 10배나 증가했다. '그들만의 잔치'가 난장판이 되고 있는 것은 이번 지방선거가 대통령 선거의 전초전이 되고 있기 때문이다. 중앙당은 물론 대통령 후보까지도 사생결단하고 가세하는 등 정치 세력이 총력전을 벌여, 지방선거에서 지역 문제의 정책 대결보다는 정당 간의 정치 쟁점으로 확대되고 있는 것이다. 중앙당, 특히 대통령 후보는 지방선거에서 손을 떼야 한다. 그래서 지방선거가 지방의 잔치가 되도록 해야 할 것이다.

우리의 정치도 그라운드 축제처럼 감동의 정치, 희망의 정치, 믿음의 정치가 될 수는 없을까. '바람'이 아닌, 신뢰와 희망을 주는, 신념의 정치, 상생의 정치는 살릴 수 없단 말인가. 정치는 흐르는 기류가 아니라 역사의 중심을 관통하는 삶의 진정성 같은 것이다. 진실되고 생명력 있는 정치를 이 땅에 뿌리내리려면 아집과 가식의 껍질을 벗어야 한다.

스포츠 경기에서 관객들이 박수를 보내며 환호하는 것은 선수들이 열린 경기장에서 엄격하게 룰을 지키기 때문이다. 우리 정치도 공정성과 원칙을 지킨다면 갈채를 받을 수가 있을 것이다. 비방 대신 칭찬을 하고 페어플레이를 통해 정정당당하게 경쟁하며, 당리당략보다 국익을 앞세운다면 얼마든지 감동의 드라마를 보여 줄 수 있다. 정치적 경쟁의 핵심은 상대주의에 있다. 상생의 철학이란 '내가 살아야 네가 살 수 있다'가 아니라, '네가 살아야 내가 살고 우리 모두가 살 수 있다'는 공동체적 정신이다. 허나, 지금 우리의 정치는 '상대 당이 이기면 우리 모두 죽는다'는 극단적인 이기적 사고에 매몰되어 있다. 이 때문에 우리 정치는 살벌하고 저질스러운 서바이벌 게임만을 되풀이하고 있는 것이다.

정치 회생의 키워드는 스포츠 정신에 있는지도 모른다. 우리 정치도 스포츠 경기에서처럼 국민의 이름으로 반칙 후보에게는 엄중하게 경고하고 영원히 뛸 수 없도록 매장시켜야 한다. 세계인들은 지금 한국에서 열리는 월드컵 경기만을 보는 것이 아니라, 한국의 정치도 보고 있다는 것을 간과해서는 안 된다. '다이내믹 코리아'의 이미지에 걸맞게 변화된 정치의 역동성도 함께 보여 주었으면 한다. 제발 우리 정치인들이 월드컵 정신을 통해 정치의 공정성과 정치의 아름다움을 배웠으면 한다. 그리하여 제발 한국 정치가 월드컵 주최국답게, 글로벌 스탠다드 수준으로 발전하기를 바란다.

배 터져 죽겠다고?

요즘 어른들은 끼니 때만 되면 '무엇을 먹을까' 하고 몸에 좋다는 음식을 찾느라 고민들이 많은 것 같다. 그야말로 배불러 죽겠다는 '포식(飽食)의 비명'이 터져 나오고 있는 것이다. 이 세상에서 배고픈 설움이 제일 크다는 이야기는 이미 전설이 되고 말았다.

하느님이 인간을 창조할 때, 육신을 지으신 다음에 중요한 순서대로 기능의 힘을 불어넣었다고 한다. 그 첫 번째는 인간이 정신적인 존재임을 나타내기 위해 머릿속에 뇌를 먼저 만들어 넣고 그 다음에 눈과 귀를 지으신 후에 코를 통해 생명을 불어 넣었다고 한다. 그러니까 올바른 것을 생각하고 진실과 아름다움, 행복과 불행을 보고 들을 수 있게 한 다음에야 생명을 불어넣은 것이다. 그리고 그 다음에 말하고 음식을 먹을 수 있는 입을 지으셨다. 입을 생명 다음에 지으신 뜻은 인간은 먹기 위해 사는 동물이 아니라, 살기 위해 먹는 정신적 존재임을 분명히 한 것이라고 볼 수 있다. 음식물의 섭취는 생명을 유지하는 데 필요한 만큼만 먹으면 된다는 뜻이다. 그런데 요즘 사람들은 먹기 위해 사는 것처럼 살아가고 있다. '먹자판 세상'이 되고 있는 듯하다.

지금 이 지구상에는 해마다 200만 명의 사람이 굶어 죽어 가고 있다. 우리들이 포식의 괴로움을 느끼는 이 순간에도 많은 사람들이 세계 곳곳에서 굶어 죽어 가고 있는 것이다. 우리와 한 핏줄인 북한만 해도 4년째 냉해가 겹쳐 극심한 식량난에 허덕이고 있다고 한다. 최근에 북한을 탈출한 Y씨 가족의 경우 하루 세 끼 옥수수 죽으로 겨우 연명했다고 한다. 또한 북한의 산모 80퍼센트가 영양실조로 신생아의 평균 체중이 2.6킬로그램밖에 안 된다고 했다. 영양실조 때문에 북한 아이들의 신장발육이 제대로 안 되어, 남북한 평균 신장이 큰 차이를 나타내고 있는 것은 이미 알려진 사실이다.

물론 포만 때문에 괴로움을 겪고 있는 우리들 주변에도 굶주리는 사람들이 있다. 아직도 많은 학생들이 학교에 도시락을 싸 가지고 가지 못하는 경우가 있고, 종교 단체에서 운영하는 무료 급식소에는 언제나 배고픈 사람들로 붐빈다.

1960년대까지만 해도 우리는 굶주림의 고통 속에 살았다. 자장면 한 그릇을 먹을 때도 맛보다는 양을 많이 주는 곳을 찾아다녔고 찐 고구마 한 꼬챙이로 하루 세 끼를 연명한 경우도 많았다. 6·25가 터진 1950년대는 누구나 굶주림을 체험했다. 이 무렵 우리는 쑥 죽, 비지, 밀개떡, 보리죽이나 초근목피로 목줄을 지탱하며 살았다. 대부분 사람들은 너무 굶주려서 얼굴이 누렇게 뜬 부황(浮黃)이 들었다. 요즘 아이들에게 궁핍했던 시절의 굶주림에 대한 이야기를 할라 치면 이해하지 못한다. 어떤 아이들은 "라면 먹으면 될 텐데 왜 바보같이 굶어요" 한다는 이야기를 듣고 충격을 받은 적이 있다.

우리 어머니들은 구정물 통에 밥알이 하나라도 떠 있는 날에는 시어머니한테 호된 꾸지람을 당했다. 나락이나 보리를 베는 날에는 어김없이 아이들과 노인들이 총동원되어 이삭을 주었다. 또한 콩 타작이 끝나면 할머니 어머니들은 대꼬챙이로 마당에 박힌 콩알 하나라도 모두 파내곤 했다. 곡식이나 음식을 버리는 것은 상상할 수 없었다. 그것은 가장 큰 죄악이라고 생각했다. 그 때문에 시골 할머니들은 지금도 남는 밥을 버리지 않고 엿기름이나 누룩을 섞어서 단술을 만들어 먹는다.

그런데 요즘 도시에서는 아무 죄책감도 느끼지 않은 채 남는 음식을 마구 버리고 있다. 버린 음식이 모든 쓰레기의 20퍼센트를 차지하고 있다. 어떻게 음식이 쓰레기가 된다는 말인가. 지금 이 순간에도 지구 한쪽에서는 수많은 사람들이 굶어 죽어 가고 있는데 어떻게 음식을 쓰레기로 버릴 수 있다는 말인가. 식당에서 나오는 음식 쓰레기도 문제려니와 요즘에는 가정에서 버려진 음식물도 상당량에 이른다고 하니 더욱 놀라움을 금할 수 없다. 뷔페식당에서 보면 접시가 넘치도록 음식을 퍼 가지고 와서는 못다 먹고 쓰레기로 만드는 사람들이 많다. 요즘 세상에 먹을 탐이 많은 것은 바보스럽다. 이제 우리도 국제화 시대에 '균질적(均質的) 세계인'이 되기 위해서는 식탁 매너부터 달라져야겠다.

요즘 여기저기서 삶의 질에 대한 이야기를 떠들어 댄다. 그런데 정말 질 높은 삶이란 먹고 입는 것은 소박하게 하고 생각과 사랑은 넘치는 것이어야 한다. 먹는 것이 소박한 사람은 아름다워 보인다. 먹는 것을 소중하게 생각하는 사람은 더욱 아름답다. 그러나 음식을 쓰레기로 만드는 사람은 너무 큰 죄를 짓고 있기 때문에 불쌍해 보인다.

그런데 문제는 지금 쌀이 천대받고 있다는 데 있다. 쌀은 곧 밥이고 밥은 생명이다. 그러므로 쌀을 천대하는 것은 생명을 경시하는 것과 같다. 생명의 존엄성을 회복하기 위해서는 밥, 즉 쌀의 가치가 존중되어야 한다. 쌀이 곧 사람이기 때문이다. 음식이 쓰레기가 된다는 것은 우리 자신의 생명이 쓰레기가 되는 것과 같기 때문이다.

절제된 사랑과 효

부모가 자식을 가르치기는 쉬운 일이 아니다. 공부는 가르칠 수는 있을지 몰라도 사람답게 살 수 있는, 인간이 되게 가르치기는 참으로 어렵다. 귀엽다고 해서 무턱대고 사랑을 퍼부을 수 없고, 그렇다고 작은 잘못에도 매를 들고 벌할 수도 없다. 옛날 사람들은 엄부 밑에 효자 난다고 하여, 자식을 엄하게 키웠다. 자식이 아무리 귀여울지라도 사랑을 마구 퍼 주지 않고 엄격하게 절제할 줄 알았다. 사랑만으로 자식을 가르치려고 하지 않고 효(孝)와 예절을 통해 완전한 인격체로 성장하기를 바랐

다. 효야말로 변해서는 안 될 인간의 가장 큰 덕목으로 생각했
다. 효가 넘치는 집안은 사랑과 평화가 넘치고 효가 메마른 집
안은 증오와 불화가 끊이지 않는다고 믿었다.

그러나 오늘날의 젊은 부모들은 "패륜아라도 좋으니 튼튼
하게만 자라다오"라는 농담 아닌 악담을 하면서까지, 지나치리
만큼 자식 사랑에 집착한다. 남이 자기 자식들의 잘못을 탓했다
가는 자칫 어른 싸움이 되기 십상이다. 이렇듯 애지중지 기른
자식들이 커서 과연 어른을 공경하고 부모에게 효도를 할 수 있
겠는가. 잘못하면 이기적이고 남을 배려할 줄 모르는 독선적 아
집에 사로잡힌 사람이 될 수 있을 것이다. 자식에 대한 사랑은
과하리만큼 넘치는데 어버이에 대한 효는 날이 갈수록 퇴색하
는 것은 무엇 때문인가.

원효(元曉)와 그 아들 설총(薛聰)에 대한 이야기다. 설총이
성장하여 가르침을 받기 위해 산사로 아버지 원효를 만나러 갔
다. 원효는 아들을 따뜻하게 맞아 주기는커녕 가르침이 될 말
한마디 해 주지 않았다. 크게 실망한 설총은 며칠 후 어머니 요
석공주에게로 돌아가기 위해 행장을 차리고 아버지한테 하직
인사를 올렸다. 그러자 원효는 길을 떠나려는 아들에게 마당을
쓸고 가라고 일렀다. 때는 늦가을이라 마당에는 노란 은행잎이

푹신하게 깔려 있었다. 설총은 아버지가 시키는 대로 비를 들고 은행잎을 말끔히 쓸었다. 그리고 다시 하직 인사를 올렸다. 그러자 원효는 마당을 잘못 쓸었다면서 다시 쓸라고 하였다. 설총은 은행잎은 고사하고 티끌 하나 없이 깨끗하게 다시 쓸었다. 그러자 원효는 "낙엽이 한창 떨어지는 가을에는 그렇게 마당을 티끌 하나 없이 쓸어서는 안 되느니라. 가을 마당을 쓸 때는 낙엽을 약간 남겨 두어야 하느니라. 너도 앞으로 가을 마당처럼 느긋하게 살고 가을 마당 쓸 듯 매사에 여유를 가지거라" 하고 일렀다고 한다.

장성한 설총을 처음 만난 원효는 아들이 세상을 살아가는 데 도움이 될 만한 가르침을 주기 위해 일부러 마당을 쓸라고 하였던 것이다. 원효가 설총에게 가르치려고 한 것은 여유로움과 도(道)였다. 설총은 아버지의 그 가르침에서 많은 것들을 깨닫고 평생 강파르지 않게 살려고 노력했다고 한다. 원효와 설총의 이 짧은 이야기 속에 부모의 진정한 사랑이 무엇인지 그 해답이 담겨져 있음을 알 수 있다. 옛날 사람들은 자식을 사랑할 때도 가능한 한 많은 말을 삼가했다. 감정의 표현을 절제하는 대신에 행동으로 보여 주었다. 세상을 살아가면서 빈틈없는 것, 과(過)한 것은 오히려 해가 되는 것인지도 모른다. 지나치지도 않고 모자라지도 않은 도(道)의 넉넉함이야말로 사람답게 사는 길인지도.

자식을 가르치는 것은 거울을 닦는 것과 같다는 옛말이 있다. 부모의 올바른 삶이 그대로 자식들에게 잘 보일 수 있도록 거울을 열심히 닦을 일이다. 옛 어른들은 이렇듯 자식 사랑까지도 극도로 절제했다. 자식을 과보호하고 지나치게 많은 말로 가르치려고 하는 오늘날의 어버이들은 옛날 사람들이 어떻게 자식을 가르쳤는지 반성해 볼 일이다. 옛날 사람들이 많은 말과 지나친 욕심으로 자식을 가르치지 않았어도 효는 살아 있었다.

효의 생명은 욕심의 집착에서 벗어날 때만 가능하다. 마음을 변하게 하는 것은 바로 욕심이기 때문이다. 사람이 욕심의 굴레에서 벗어나지 못할 때, 믿음은 깨지고 사랑과 희망은 변질되며 효 또한 생명을 잃게 되기 마련이다. 요즘은 세상이 숨 가쁘게 변하고 있다. 그러나 변하지 말아야 것들이 있으니, 그것은 옛 사람들의 자식 사랑법이 아닌가 한다.

부자 아이, 가난한 아이

초등학교 5학년인 외손자 승철이는 요즘 학교가 가기 싫다
고 했다. 승철이는 강북에 있는 학교에 다니다가, 지난해 겨울
강남 초등학교로 전학을 왔다. 교육열이 남다른 승철이의 부모
는 하나뿐인 아들을 좋은 대학에 보내기 위해, 집을 팔아 강남
에 있는 낡은 아파트를 전세로 얻어 이사를 왔다. 희망을 안고
전학 온 승철이가 학교에 가기 싫다고 한 가장 큰 이유는 친구
들을 사귈 수가 없다는 것이었다. 강북의 학교에서는 반장에다
공부도 썩 잘해서 친구들이 많았었다. 그런데 강남에서는 학교

공부 잘하는 것만으로는 친구를 사귀는 데 별 도움이 되지 못했다. 반에서 주름을 잡는 아이들은 대부분 잘사는 집 아이들이었고 그들은 못사는 아이들과는 어울리지 않았다. 더욱이 아이들은 학교 성적에는 별로 신경을 쓰지 않고, 어느 학원에 다니는가가 관심의 대상이었다. 이 때문에 승철이는 자꾸만 주눅이 들었다.

놀이를 할 때도 부잣집 아이들과 가난한 집 아이들은 함께 어울릴 수가 없다고 한다. 요즘 초등학교 아이들이 즐겨 가지고 노는 것은 게임기와 서바이벌 총이다. 아이들은 대부분 가방에 게임기와 서바이벌 총 하나씩은 가지고 다닌다. 잠깐 쉬는 시간에는 주로 게임을 하고, 수업이 없는 토요일 오후나 일요일에는 편을 갈라 서바이벌 총싸움 놀이를 한다. 어떤 게임기와 서바이벌 총을 가지고 있느냐에 따라 아이들 사회에서의 수준이 결정된다.

게임기는 천 원대부터 20만 원대까지 그 차이가 심하다. 몇천 원대의 게임기는 흑백에다 기능이 단순하여 벽돌쌓기 등 테트리스 게임밖에 할 수 없다. 이에 비해 20만 원대는 게임 팩에 따라서 32비트까지 가능하다. 부잣집 아이들은 20만 원대의 게임기에다, 하나에 3~5만 원하는 팩을 10개 정도 가지고 다닌다. 값싼 게임기를 가진 가난한 아이들과 기능이 다양하고 값비싼 게임기를 가진 아이들과는 대화도 통하지 않는다. 강남 어린이들의 경우 거의 20만 원대의 게임기를 가지고 다닌다. 게임기를 넣고 다니는 가죽가방까지 있다.

서바이벌 총의 경우는 최저가 5천 원대에서부터 120만 원짜리까지 있다. 값이 싼 서바이벌 총은 비비탄의 사정거리가 20미터인 것에 비해, 120만 원짜리의 경우는 50미터에 이른다. 값싼 총의 비비탄을 맞으면 따끔할 정도이지만 값비싼 총은 멍이 들 정도로 아프다. 그래서 5천 원대 서바이벌 총을 가진 아이들과 120만 원대의 서바이벌 총을 가진 아이들 사이에는 싸움이 되지 않는다. 뿐만 아니라 편을 갈라 싸움을 할 때는 당연히 값비싼 총을 가진 아이들이 대장을 맡고 값싼 총을 가진 아이들은 졸개 노릇밖에 못한다.

기껏해야 100원짜리 딱지치기나 하고 값싼 흑백 게임기에 2만 원짜리 서버이벌 총을 갖고 있는 승철이는 주눅이 들 수밖에 없었다. 강북 학교에 다닐 때는 이 정도만으로도 많은 친구들과 재미있게 어울려 놀 수 있었고, 공부를 잘해서 늘 부러움을 샀었다. 그런데 강남으로 전학을 온 후로는 부잣집 아이들의 졸개 노릇이나 해야만 했다. 기가 죽은 승철이는 외로웠고 강남이 싫어졌다. 이 사실을 알게 된 승철이 부모는 비로소 강남으로 온 것을 후회했다. 그렇다고 초등학생한테 120만 원이나 하는 서바이벌 총을 사 줄 수도 없었다. 유명 학원에 보내려고 했지만 학원비가 엄청 비싼데다가 그나마 빈자리도 없었다.

요즘 부자들은 "유치원 친구가 사회에 나가서 동반 귀족 그룹이 된다"고들 한다. 유명한 유치원 동창들은 좋은 고등학교와 일류 대학교에서 만나고 유학을 마치고 귀국해서는 동반 상류 그룹이 된다는 것이다. 그래서 한번 일류는 영원한 일류가 된다고 한다. 이들은 그들만의 성을 높이 쌓고 선택받은 특수층으로 영원히 살아가기를 원한다.

우리가 자랄 때까지만 해도 가난한 집 아이들과 부잣집 아이들은 거리감 없이 자유롭게 교유하였다. 한데 어울리면서 서로에게 도움을 주기도 했다. 부잣집 아이들은 가난한 아이들의 삶을 통해서 못 가진 자들의 현실적 삶의 고통을 이해하였고, 가난한 아이들은 부자 친구를 통해서 가진 자의 삶의 치열성과 베푸는 아량을 배웠다.

요즘 정치인들은 양극화와 갈등을 자주 이야기한다. 이념의 갈등에서부터 민족적 갈등, 지역 갈등, 계층과 세대 간 갈등 등 그리고 국민 통합을 위해서는 무엇보다 이 같은 갈등을 해소

시켜야 한다고 목소리를 높이고 있다. 어른들의 갈등은 치유가 가능하다. 그러나 부잣집 아이들과 가난한 아이들과의 편 가르기와 갈등은 점점 그 골이 깊어져 갈 뿐만 아니라 영원히 치유가 불가능하다는 게 문제다. 아파트 평수로, 학원 중심으로, 장난감으로 편 가르기가 계속되고 있는 것이다. 더욱이 자본주의 사회에서 이 같은 갈등은 앞으로 아무런 도덕적 반성도 없이 고착되고 확대될 가능성이 크다.

이제라도 어른들은 아이들의 갈등에 관심을 가질 필요가 있다. 부잣집 아이들이 아무런 도덕적 자각도 없이, 어른이 되어서까지 그들만의 성을 쌓고 살아가기를 원한다면 큰일이다. 이것은 가난한 아이들에게 꿈을 박탈하는 것과 같다. 이는 어른들의 잘못이다. 특히 위정자들, 교육정책 당국자들과 아이들에게 편을 가르도록 종용하는 부모들이 함께 반성해야 할 문제이다. 부자 아이들이나 가난한 아이들이나 똑같은 꿈을 안고 한데 어울리며 자유롭게 자라는 모습이야말로 희망찬 조국의 미래가 아닌가.

승철이에게 해 주고 싶은 말이 있다.

"승철아, 인생은 서바이벌 싸움도, 전자 게임도 아니란다. 그러니 부자 아이들과 함께 놀지 못한다고 해서 주눅 들 필요가

없다. 차라리 더 많은 가난한 아이들과 친구가 되어, 그들과 더
불어 더 큰 공동의 꿈을 키워 가거라."

변해서는 안 될 것들

세상이 상상할 수 없을 만큼 빠르게 변하고 있다. 하루하루 그 변화를 실감할 수 있다. 세계화와 함께 경쟁력을 높이지 않으면 이 변화무쌍한 세상에서 살아갈 수 없다고 말한다. 변화와 개방, 그리고 경쟁력은 이제 냉엄한 생존 논리로 강조되고 있는 것 같다. 변화하지 않는 조직과 개인은 이 세상에 살아남을 수 없을 것만 같은 절박감에 사로잡히게 만들고 있다.

1970~1980년대에 한국에 와 봤던 사람이 다시 오게 되거나 이민 간 해외 동포들이 오랜만에 고국에 돌아오면 "한국이

너무 많이 변했다"고들 말한다. 얼핏 들으면 기분 좋은 소리로 들릴지 모른다. 6·25의 폐허를 딛고 이만큼이나 발전했다는 것은 분명 자랑할 만하다. 이럴 때 '변했다' 는 말은 '발전했다' 는 의미도 포함되어 있기 때문이다. 그러나 분명 "많이 변했다" 고 말하는 외국 사람들 중에는 '변화' 를 긍정적으로만 보지 않고 있다는 것을 알아야 할 필요가 있다. 그들이 말하는 '변화' 라는 말 속에는 우리만이 가지고 있었던 고유한 것들이나 본디 모습의 아름다움이 '없어지고 훼손됐다' 는 뜻도 들어 있기 때문이다.

한국에 다시 와서 "너무 많이 변했다"면서 놀라워하는 그들은 파리나 런던, 도쿄, 비엔나 같은 전통 있는 국제도시에서는 '변했다' 는 말을 하지 않는다. 오히려 그들은 몇 년이 지나도록 조금도 변화하지 않은 이들 도시에 대해서 더 감동적인 아름다움과 평화로움을 느끼기 때문이다. 사실 외국에 나가 보면 세계적인 도시는 별로 변화한 모습을 발견할 수 없다. 도시의 외형은 오히려 더 낡은 모습을 보여 주고 있다. 그러나 깊숙이 들여다보면 그들의 과학 기술이나 의식, 세계를 보는 안목은 놀랍도록 변하고 있음을 알 수 있다.

우리는 변화해서는 안 될 것들에 대해서는 오히려 변화로부터 그 본디 것을 지키는 운동이 필요하다. 변화해서 안 될 첫 번째 것은 자연이다. 봄에는 싹이 돋고 여름이면 꽃이 피고 가을이면 단풍 들고 겨울이면 잎이 떨어지는 대자연의 법칙 안에서의 변화는 참으로 아름답다. 또 여름에 비가 많이 와서 강의 흐름이 바뀌고 산에 숲이 우거지는 것은 너무나도 자연스러운 변화다. 그런데 인위적으로 강줄기를 바꾸고 댐을 막아 흐름을 조절하고 산에 나무를 베어 내고 다시 심는 것은 자연적인 변화를 거스르는 행위이다.

산이나 강, 땅의 본디 모습을 인위적으로 변화시키는 것은 큰 잘못이다. 자연은 사람만의 독점물이 아니기 때문이다. 자연은 새, 늑대, 지렁이, 나비, 물고기, 사람들이 함께 더불어 사는 집이다. 사는 동안 잠시 자연의 한 부분을 빌려 쓰고 죽을 때는 다음에 이 세상에 오는, 모든 생명 있는 존재들에게 그대로 물려주어야 한다.

이 같은 현상은 자연을 '도전'의 대상으로 잘못 생각한 데서 비롯되었다. 이것은 서양 사람들의 인생관이다. 그들은 자연을 극복하고 이용하여 인간 생활에 편리를 도모하기 위해 문명이라는 것을 내세웠다. 그러나 동양 사람들은 자연을 도전이나 극복의 대상으로 삼기보다는 오히려 자연 속에서 자연과 함께 하나가 되어 더불어 살기를 원했다. 자연과 신과 인간이 하나가 되는 것, 천인합일(天人合一)을 꿈꾸었다. 이 세상에 존재하는 모든 것은 저마다 불성(佛性)을 지니고 있기 때문에 자연은 곧 부처라는 생각과 함께 풀잎 하나, 나비 한 마리의 생명도 귀하게 여겨 왔다.

인간의 마음 또한 변해서는 안 될 것 중에 하나다. 늘 지니고 있으면서 변하지 않은 항심(恒心)을 가진 자는 마음이 평화롭다. 항심은 변하지 않고 늘 그대로인 마음이다. 마음이 변하지 않는 사람은 믿을 만한 사람이다. '무항산(無恒産)이면 무항심(無恒心)이라' 는 말이 있다. 무소유의 자유를 뜻한다. 그러므로 마음이 변하지 않은 사람은 언제나 평화롭고 자유롭다.

옛사람들은 마음이 변하면 죽는다고 했다. 항심은 바로 생명과도 같은 것이다. 끝까지 항심으로 남아야 할 것은 믿음과 사랑과 희망이다. 이 세 가지 마음은 변하지 않아야 한다. 그중에서도 믿음은 영원불변의 생명을 지녀야 한다. 믿음 다음으로 변해서 안 될 것은 사랑이다. 사랑은 어떤 고통과 슬픔이 따르더라도 변질되어서는 안 된다. 사랑이 아름다운 것은 불변성 그 자체가 지니는 가치이기 때문이다. 이 세상에서 가장 큰 비극은 사랑을 잃어버리는 것이다. 삶이 아무리 고통스럽고 세상이 아무리 황폐해지더라도 변함없는 사랑을 간직하고 있다면 그는 참으로 행복하다.

희망과 이상도 변해서는 안 된다. 사람은 죽을 때까지 희망을 간직하고 있어야 한다. 절망이 더욱 무섭게 발목을 붙잡는다 해도 마지막 순간까지 희망의 밧줄을 놓쳐서는 안 된다. 끝까지 희망을 버리지 않는 사람만이 절망을 이겨 낼 수 있기 때문이다. 희망을 버리는 것은 생명을 포기하는 것이나 다를 바 없다. 사람이 다른 동물들에 비해 비록 눈은 작지만 가장 멀리 보는 것은 이상과 희망을 갖고 사는 존재이기 때문이다. 멀리 본다는 것, 그것은 바로 인간이 원대한 포부를 갖고 살아가는 것을 뜻한다.

누구나 변화를 부르짖고 있는 지금 우리는 변화해서는 안 될 것들을 찾아내어 그것들이 변화하지 않고 본디 모습 그대로의 생명을 지켜 나갈 수 있도록 노력해야겠다. 흔히들 변화를 두려워하는 사람은 보수적이고 퇴영적이어서 발전할 수 없다고들 한다. 그러나 모든 것이 급변하는 이 시대에서 변화해서는 안 될 것들을 지키는 사람들이야말로 오히려 더 진보적일 수도 있다. 그리고 우리는 자연이 본디 모습을 잃게 되면 인간의 마음도 황폐하게 변한다는 사실을 알아야 한다. 자연과 사람의 마음은 하나의 뿌리에서 갈라졌기 때문이다.

4장
나의 삶, 나의 문학

작가는 정년이 없다

나는 지금 내 인생의 고된 항해를 끝내고 닻을 내릴 준비를 하고 있다. 뒤돌아보니 바다는 끝이 없고 내가 지나온 흔적은 너무 뚜렷하다. 그동안 나는 에이허브 선장처럼, 내 마음의 흰 고래를 찾아 거친 파도와 싸우기도 했고, 때로는 《노인과 바다》의 늙은 어부처럼, 바다 한가운데 작은 쪽배를 띄우고 방향마저 잃은 채 홀로 외롭게 풍랑에 떠밀리기도 했다. 어느 누가 그랬던가. 누구나 인생의 바다에서 출항할 때는 희망이라는 것을 배에 한가득 싣고 항로에 나서지만, 항해 도중 풍파에 시달릴 때마다, 무겁기만 한 희망을 하나씩 바다에 버리게 되고 기항지에 도착했을 때는 단 한 줌의 희망도 남지 않는다고. 고난의 항해 도중에 희망을 모두 바다에 던져 버리고 빈손으로 기항지에 도착했을 때 비로소 뼈저린 회한과 함께 인생의 허무와 덧없음을 느끼게 된다고.

인생이라는 두렵고 적막한 항해를 시작했을 때 내 꿈은 오직 하나였다. 나는 고등학교 2학년 때, 김현승 시인을 뵙게 되었고 그때부터 글 쓰는 사람이 되겠다는 희망을 키웠으며 지금까지도 그 꿈을 실현하기 위해 살아오고 있다. 돌이켜 생각해 보면 참 정신없이 달려왔다. 언론인으로, 대학교수로, 소설가로 변신을 거듭하면서 시간으로 따져 보니, 언론계 23년(구 '전남매일' 16년, '전남일보' 8년), 대학 16년(조선대 1년, 순천대 5년, 광주대 10년), 문인으로는 1965년 '현대문학' 시 추천 이후 41년이 되는 셈이다. 그러나 언론계와 대학을 왕래하면서도 소설 쓰는 것만은 멈추지 않았다.

언론계에 있으면서는 우리 사회의 구조적 모순에 대한 구체적 인식의 기회를 가졌고, 대학에서는 가르치는 것보다는 소설의 힘이 무엇인가를 깨닫게 되었다. 언론계에 몸담고 있을 때는 역사의 부채감 때문에 고통스러웠고 대학 강단에서는 내 문학이 관념적 이론에 묶이지 않을까 걱정했다. 가르치기보다는 배우려고 노력했다. 어떻게 소설을 가르칠 수 있겠는가. 나는 다만 학생들에게 소설을 쓸 수 있도록 충동질해 대는 것으로 만족하려고 했다.

그동안 내 인생의 중심은 오로지 소설 창작이었다. 소설은 내 스승이었고 종교였으며 생명이었다. 소설을 쓸 때만이 내 자신에 대한 실존을 확인할 수가 있었다. 그래서 늘 코피 터지게 소설이 쓰고 싶었다. 쓰는 작업은 노동에 비교할 만큼 고통스러웠지만 그 고통은 짜릿했다. 그래서 1980년 신문사에서 해직되었을 때 나는 가벼운 마음으로 무등산에 올라가 "하느님 내게 소설을 쓸 수 있는 시간을 주셔서 감사합니다"라고 소리치기도 했다.

나는 과연 당당하게 살아왔고 후회하지 않을 만큼 최선을 다했는가. 인생에는 여러 가지 길이 있다. 이성적인 삶, 감성적인 삶, 예술적인 삶, 종교적인 삶, 자연적인 삶 등. 그렇다면 나는 어떤 삶의 길을 걸어왔는가. 교수와 언론인은 마땅히 이성적인 삶을 살고 소설가는 예술적인 삶을 살아야 할 것이다. 그러나 나는 이성적이지도 예술적이지도 않은 삶을 살아왔다. 오히려 자연적 삶을 살아온 것 같다. 자연의 순환 법칙에 자신을 맡기는 삶이라고나 할까. 평생 흙을 파고 씨앗을 뿌려 곡식을 가 꾸는 농사꾼의 삶이 그렇다. 나 역시 농사꾼이 농사를 짓는 마 음으로 살아왔다.

일류가 되기 위해 결코 내 자신의 삶을 의도적으로 연출하 거나 구성하려 하지 않고, 삶의 흐름과 매듭마다에서 최선(最 善)이라고 판단되었을 때, 그 흐름에 거역하지 않으려고 했을 뿐이다. 그러기에 한때는 파괴적일 만큼 과격했고 주관 없이 우 유부단했으며 참여보다는 방관적이기도 했다. 다분히 운명론적 삶이라는 비판을 받을 수가 있다. 그래서 내 인생은 가식과 허 점투성이로 얼룩진 것은 아닐까. 진보적인 척하면서도 보수적 이고, 탈속한 것처럼 보이면서도 세속적이고, 무소유를 말하면 서도 탐욕스럽고, 사랑을 강조면서도 냉엄하고, 희생을 말하면 서도 이기적이고, 검박(儉朴)을 이야기하면서도 사치에 기웃거 리지는 않았을까. 사실 나는 인간주의를 강조하면서도 실천을 두려워했다. 감상적 휴머니스트라고나 할까. 영화관에서 빼앗 기고 짓밟히고 버림받은 사람들의 삶을 다룬 슬픈 영화를 보는 순간에는 영화 속 인물들과 함께 눈물 흘리고 분노하고 그들 편 에 서겠다고 다짐하고도, 햇살이 짱짱한 일상의 흐름 속에 무심 히 흘러가 버리는 삶을 살아온 것이다.

내 문학의 출발점은 다분히 낭만적이고 이상적이었다. 아버지는 10대 종손인 내게 세속적인 출세를 하여, 6·25로 풍비박산 되다시피 한 집안을 다시 일으킬 것을 간곡히 바랐지만 나는 처음부터 문학의 길을 고집했다.

내 문학의 시작은 '무지개 찾기'로부터 시작되었다. 그것은 희망 찾기, 이상 찾기였다. 처음에 시인이 되고자 한 것도 이 때문이었다. 그러나 소설가가 되고 막연하게나마 리얼리즘을 이해하고 나서는 보다 적극적인 문학관의 입장을 취하게 되었다. 사회 반영론과 사회 형성론에서 후자를 택한 것이다. 문학은 사회 현상을 반영하는 데 그치지 않고 사회를 변혁시킬 수 있어야 한다는 입장이었다. 문학은 '역사의 칼'이어야 한다고 주장했다. 이상 세계를 구축하자면 현실의 구조적 모순을 도려내지 않고는 불가능하다고 생각한 것이다. 그러나 얼마 후, 소설이 진정한 예술이 되기 위해서는 그 문학의 본질을 소홀히 해서는 안 된다는 생각을 하게 되었다. 억울하게 죽어 가는 사람의 눈에 들어온 한 떨기 초라한 들꽃의 아름다움을 놓쳐서는 안 된다 싶었다. 나는 내 소설 미학으로 한(恨)을 수용했다. 패배자의 넋두리나 체념으로써의 정한 감정이 아닌, 빼앗기고 짓밟히고 억눌림에서 비롯된 원한 감정으로서의 한. 그러나 그 한은 복수를 통해 해한(解恨)이 되지 않고, 투쟁적 의지와 끈질긴 생명과 희망으로 승화시키려고 했다.

나는 문학의 다양성을 존중한다. 다양성이 존중될 때 우리 문학은 건강해질 수 있다. 소설의 생명이 삶의 진정성을 회복하기 위한 것이라고 할 때, 이런 문학은 좋고 저런 문학은 나쁘다고 말할 수 없다. 문학의 질적 수준이나 완성도를 따질 수는 있지만 순수니 민중이니, 실험적이니 전통적이니, 관념이니 서사니 하는 것 따위를 따져서 작품을 평가해야 할 필요를 느끼지 않는다. 문제는 총체적이고 객관적인 안목이다. 세상의 뾰쪽뾰쪽한 면만을 볼 것이 아니라 사각에 가려진 이면의 본질과 그 진실을 보아야 한다. 역사와 사회 현실도 중요하지만 허무와 신비도 좋은 소설 미학이다. 어떤 평론가는 나를 '고향을 지키는 작가', '한을 이야기하는 작가'라고 했다. 그러나 어떻게 내가 감히 고향을 지킬 수가 있겠는가. 내가 한 번도 고향을 떠나지 않은 것은 다만 나를 작가로 만들어 준 것이 고향이기 때문이고, 한을 이야기하는 것은 고향 사람들의 아픔을 사랑하기 때문일 게다.

나는 문학을 통해 내 인생을 구원받았다고 생각한다. 일제 치하 궁벽진 시골에서 태어난 나는 12살에 6·25를 만났다. 그 때문에 집안이 풍비박산이 되었고 초등학교를 네 곳이나 옮겨 다닐 정도로 곤고한 유년 시절을 보냈다. 궁핍과 외로움 속에서도 학업을 계속할 수 있었던 것도, 쓰러지지 않고 여기까지 버틸 수 있었던 것도 문학의 푸른 꿈 때문이었다. 문학을 통해서 모든 어려움을 극복할 수가 있었다. 문학이 나를 붙잡아 주지 않았다면 나는 폐인이 되었거나 낙오자가 되었을 것이다.

나는 '인생은 드라마와 같다'는 말을 싫어한다. 인생은 결코 드라마가 아니다. 드라마는 인간이 연출하기 때문에 우연의 중첩이 가능하나, 인생은 신이 연출하기 때문에 예측할 수 없으며 오직 엄숙한 필연성 위에서 전개된다. 좋은 소설 역시 필연적 인과의 법칙에 따라 전개된다는 점에서 인생과 유사하다. 좋은 소설 또한 우연의 중첩이 없고 전개 방향에 대해 예측이 불가능하다. 인생은 참으로 신비하고 아름답다.

이제야 나는 소설이 무엇인지 희미하게나마 알 수 있을 것도 같다. 사실 나는 오랫동안 소설이 무엇인지도 모른 채 무턱대고 썼다. 실험을 추구하기보다는 가능한 한 전통적이고 텍스트적 창작 방법에 충실하려고 했다. 내가 알고 있었던 것은 '소설은 이야기다'라고 하는 것뿐이었다. 그 때문에 많은 시행착오를 겪어야 했다. 공자까지도 '소가지도(小家之道)'라고 했던 소설이 주제를 확보하면서부터 비로소 예술의 반열에 서게 되었음도 한참 후에야 알았다. 이야기는 다만 주제를 끌고 가는 도구에 지나지 않다는 것도, 주제야말로 삶의 의미 해석이라는 것도 뒤늦게야 알았다. 그러므로 참으로 훌륭한 작가는 인생에 대한 깊은 깨달음이 있어야 한다는 것을 절감한다. 소설가적 깨달음은 역사와 사회 인식과 인간에 대한 깊은 이해와 날카로운 통찰력을 통해 얻어진다는 것도 알았다. 그러므로 작가는 소설을 종교, 철학, 심리학 등 모든 분야를 통틀어 가장 상위개념으로 생각하는 절대적 자존으로 무장되어야 한다.

작가에게는 영혼의 자유와 흔들림 없는 세계관이 중요하다. 최근에 쓴 졸작 《경계를 넘어》라는 중편소설에서 나는 뿌리에 대한 이야기를 했다. 이 작품에 비전향 장기수가 나오는데, 사상의 고향으로 돌아가기를 원하는 그는 죽은 나무와 화초를 길에서 주어다 살려 내는 것으로 삶의 낙을 찾고 있다. 그는 "나무고 사람이고 뿌리만 성하면 되살릴 수 있다"고 말한다. 뿌리는 곧 생명이기 때문이다. 그러나 그가 말하는 사람의 뿌리는 핏줄도, 도덕이나 양심도 아닌, 정신인 것이다. 흔들림 없는 정신. 그것은 선비 정신이며 곧 작가 정신이다. 작가로서의 내 뿌리는 질컥한 황토 같은 우리 어머니의 메주 곰팡이 꽃 같은 삶이다. 나는 어머니의 척박한 삶을 통해 소설의 정신을 본다.

나는 광주대학교 문예창작학과에서 10년을 보냈다. 10년이라면 결코 짧지 않은 시간이다. 지난 10년 동안은 내 생애에서 가장 평온하고 행복한 시간이었다. 많은 제자들과 소설 이야기를 하는 동안 행복했다. 이곳에서는 언제나 나를 밑바닥으로, 밑바닥으로, 가라앉히며 절제와 성찰의 시간을 보내려고 애썼다. 이곳에서 나는 내 몸속에 흐르는, 아직도 뜨거운 기자의 피를 차갑게 식히며 감정보다 이성을, 미움보다 관용을 배우려고 노력했다.

이제 강단을 떠나면 언론인과 교수라는 옷을 모두 벗고 작가로서 완전한 자유인이 될 것이다. 기항지에 닻을 내린 다음, 나는 자유로운 작가로서 또 다른 출발을 시도하려고 한다. 작가에게는 정년이란 게 없지 않은가. 이제부터는 돛배에 의존하지 않고 땅 위를 혼자 외롭게 맨발로 터벅터벅 걸으면서, 인생의 아주 작은 골짜기를 샅샅이 더듬어 보려고 한다. 후미진 산골짜기에 핀 작은 코딱지 꽃이나 깽깽이 풀꽃 이야기에 귀 기울이고 그 꽃들이 톡톡 쏘아 대는 향기나 실컷 맡으며 내 한번 멋지게 내 맘대로 살아갈 것이다.

나는 왜 소설가인가

　많은 작가들은 문학을 통해서 자신이 구원받았다고 말한다. 외로움, 배고픔, 소외감, 절망감, 허무감, 원망 등 결핍의 고통으로부터 벗어나기 위해 소설을 쓰기 시작했다고 한다. 자신을 구원하기 위해서 작가가 되었다는 것이다. 처음부터 인간을 구원하겠다느니, 사회와 역사를 구원하기 위해 소설을 쓴다는 말은 위선에 지나지 않는다. 처음에는 누구나 자신의 가장 절실한 문제에서부터 자기 고백의 형식으로 시작한다. 소설은 결국 작가 자신으로부터 출발한다고 말할 수밖에 없다. ‘무엇을 쓸 것인가' 하는 물음에 대한 답변을 자기 내부에서 찾아보라고 권하고 싶다. 지금 자기가 안고 있는 가장 절실한 문제 안에서, 소재와 주제를 찾아보는 것이 바람직하기 때문이다. 흔히 자기가 살아온 동안 가장 괴로웠거나 외로웠던 일, 혹은 슬펐던 일, 가장 증오했던 사람이나 사랑했던 사람의 이야기를 소재로 선택해서 쓰면 실패하지 않는다고 한다. 일리 있는 말이다. 소설은 결국 작가 자신의 투영이며 탐색이기 때문이다. 대부분의 작가들은 '언젠가는 내 이야기를 쓰겠다'는 생각으로부터 소설 쓰기를 시작한다. 그리고 쓰는 고통을 통해서 자기 구원의 길을 스스로 터득하게 되는 것이다.

얼마쯤 작품을 쓰다가 작품 세계가 형성될 무렵, 자신도 모르게 인간 구원, 사회 구원, 역사 구원과 자연스럽게 만나게 되는 것이 순서이다. 그런 의미에서 소설은 종교적으로 지향하는 천국에의 갈망과 일치한다. 종교와 소설은 인간 구원을 지향한다는 점에서 대립적이 아니라 상호보완적이라고도 할 수 있다. 종교에서 말하는 천국이란 작가들에게는 이상과 같다. 이 때문에 "작가들은 한 발은 시궁창을, 다른 한 발은 잔디밭을 딛고 살아가는 존재"라고도 한다. 작가는 현실과 이상의 같은 공간에 존재한다는 것과 같다. 그것은 현실과 이상을 동시에 작품 속에 수용해야 한다는 의미로 받아들여진다. 이상은 현실과 동떨어진 것이어서는 안 된다는 것이다. 현실을 관통하지 않은 이상은 망상과 다를 바 없기 때문이다. 이상 그 자체는 현실 속에 있음을 알아야 한다. 그러니까 작가들은 현실적 존재이면서, 현실에 안존하거나 무릎을 꿇지 않고 고통스럽게 이상을 추구하는 과정에서 자기 구원을 얻는다는 것이다. 그 때문에 작가가 소설을 쓰는 일은 자기 생활의 전부를 지배하는 중심 원리라고 할 수 있다.

소설을 쓰지 않았더라면 내 인생은 어떻게 되었을까. 유년 시절부터 삶이 순탄치 않았고 굴곡이 많았던 나는 어쩌면 절망과 좌절에서 헤어나지 못하고 폐인이 되었을지 모른다. 잘해야 고향에 남아 있는 내 친구들처럼 농사꾼이 되었을 것이다. 후미진 산골에서 태어난 나는 열두 살에 6·25를 만나 생사의 갈림길에서 휩쓸릴 수밖에 없었다. 가난한 농사꾼의 아들로 태어나, 초등학교 네 곳을 전전하며 가까스로 졸업한 것만 봐도 그 시절 내 삶이 얼마나 곤고하고 불안전했는가를 짐작케 한다. 그 시절 나는 오직 살아남기 위해서 처절한 생존의 몸부림으로 버텼다. 도붓장수 어머니를 따라다니면서 밥 동냥으로 연명을 했는가 하면, 어린 나이에 순가락과 물감을 팔기 위해 마을마다 돌아다니며 걸식하다시피 했다. 동생과 함께 성냥 공장에 들어가서 키질을 하기도 했고, 홍시 몇 개를 놓고 시장 길바닥에 쪼그리고 앉아 있기도 했다. 전쟁이 끝나고 가족이 외가 동네로 옮겨 가서는 농사꾼의 삶을 살기도 했다. 아버지와 함께 나무를 베어다 오두막을 짓고 풀을 베어 퇴비를 만들어 농사를 지었다. 그 참담한 고난 속에서도 나는 꿈을 버리지 않았다. 그 꿈은 너무 막연했지만 그대로 주저앉을 수는 없다는 생각이었다. 마음속 깊숙한 곳에 한 가닥 초록빛 이상을 키우고 있었던 것인지도 모른다. 결국 나는 지게목발을 부러뜨리고 혼자서 광주로 뛰쳐나왔다. 열네 살 늦은 나이에 광주 학강초등학교 6학년으로 편입하여 졸업을 할 수 있었고, 입학금이 면제되는 광주 동성중학교 특대생(장학생) 선발에 합격하여 학업을 계속할 수가 있었다. 그때까지만 해도 나는 작가가 되겠다는 생각은 없었다. 열심히 공부하여 호남의 명문인 광주고등학교에 입학했다. 그때서야 아버지께서는 내 뒷바라지를 위해 전 재산인 논 서 마지기를 팔아, 광주로 나와 하천 위의 단칸 판잣집을 사서 풀빵을 굽기 시작하셨다. 아버지의 소원은 내가 법관이나 공무원이 되는 것이었다. 문학을 선택하지 않았더라면 아버지의 소원대로 되었을지도 모른다. 그러나 고2 때 '광고 타임스'에 써 낸, '나의 자취생의 변'이라는 한 편의 수필 때문에 내 인생이 바뀌고 말았다. 중학교 때 제재소에서 톱밥을 훔쳐다 풍로를 돌려 가며 연기에 눈물 범벅이 되어 밥을 짓던 내 이야기였다. 처음 써 본 이 글이 당시 국어를 가르쳤던 수필가 송규호 선생님의 눈에 띄어 문예부에 들어갔고, 시인 이성부와 박봉우 선배를 알게 되었으며, 당시 조선대 교수였던 김현승 시인을 찾아다니며 시를 써 바치기 시작했다.

10대종인 내게 모든 기대를 걸었던 아버지께서는 내가 학과 공부는 하지 않고 문학 병이 든 것을 알고 크게 실망하셨다. 어느 날 아버지께서 무릎을 꿇어앉히고는 왜 하필이면 가난한 문필가가 되려고 하느냐고 따져 물으셨다. 나는 대답을 못하고 한동안 미적거리다가, 그 무렵에 읽고 있었던 'CD. 루이스'가 쓴 《시학입문》의 서문이 섬광처럼 떠올랐다. 그 책의 서문에 '누가 당신은 왜 시를 쓰느냐고 물을 때마다, 나는 당신은 무지개가 있는 세상에서 살기를 원합니까, 무지개가 없는 세상에서 살기를 원합니까, 라고 반문하곤 한다'라는 대목이 있었다.

"저는 무지개가 있는 세상에서 살기를 원하기 때문에 문학을 해야겠습니다."

나는 고개를 들고 당당하게 말했다. 순간 아버지의 표정이

혼란스럽게 일그러지셨다. 아버지께서는 나를 제정신 박힌 놈으로 보지 않으신 것 같았다. 그때 내가 말한 무지개는 곤고했던 유년 시절부터 내 마음속에 자리 잡기 시작한 일곱 가지 빛깔의 이상일지도 모른다. 그 시절, 비록 썩은 하수도 냄새가 코를 찌르는 하천 위의 단칸 판잣집에 네 식구가 벌레처럼 오불오불 엉켜서 궁핍하게 사는 현실 속에서도 나는 이상을 키우고 있었던 것이다. 내가 생각하는 이상은 시인의 세상이었다. 그러나 나는 대학교 4학년 때 김현승 선생님으로부터, '현대문학'에 '천재들'이라는 시로 추천을 받은 뒤에 곧 소설로 바꾸었다. 병원에 입원 중이셨던 김현승 선생님 문병을 간 자리에서 소설을 쓰겠다고 했다.

"시 쓰듯 소설을 쓰게."

김현승 선생님은 그 한마디뿐이었다.

내가 시를 포기하고 소설을 쓰기로 한 이유는 간단하다. 함의적(含意的)이고 압축된 언어보다는 살아 있는 언어로 내가 어렵게 살아온 이야기를 숨김없이 쏟아 내고 싶었기 때문이다. 그 무렵까지만 해도 나는 소설의 핵심이 삶의 의미를 해석하는 주제에 있다기보다는 이야기라고 생각하고 있었다. 이야기는 주제를 설명하는 도구에 지나지 않는다는 것을 깨달은 것은 한참 후였다.

그렇다면 무엇이 나로 하여금 소설을 쓰게 하였는가. 나를 소설가로 만든 것은 고향과 6·25였다. 고향은 내 소설의 텃밭이다. 내 소설의 공간은 나의 고향이다. 나는 소설을 통해서 소멸되어 가는 내 고향의 역사를 복원하고자 한 것이다. 내 고향은 광주 무등산과 화순 백아산의 사이에 있는 후미진 골짜기 마을이다. 6·25 때 이곳은 공비 토벌 작전지역이 되어, 마을은 모두 불태워졌고 주민들은 소개당해 쫓겨나야만 했다. 나는 이곳에서 태어나 소개를 당할 때까지, 12년 동안 살아왔다. 나는 이곳에서 8·15와 6·25 등 역사적인 현실과 만났다. 그러니까 내 소설에서의 역사 체험은 내가 고향에서 해방 공간과 6·25 때 겪었던 우리 가족과 고향 사람들이 살아온 이야기인 것이다. 나는 가난하고 힘없는 내 고향 사람은 물론 날로 쇠락해져만 가고 있는 내 고향의, 골짜기, 들, 작은 동산, 하천, 마을 풍경들을 소설을 통해 되살려 내려고 노력하는 한편, 때에 따라서는 작가로서의 감정을 이입시켜 주관적이고도 관념적인 공간으로 미화시키기도 한다.

나는 소설가가 되기 전까지만 해도 내 고향이 겪어야 했던 비극적인 역사에 대한 인식이 부족했었다. 그러나 소설을 쓰면서부터 내 고향의 역사가 바로 우리 시대의 역사 한가운데에 있음을 알게 되었고 그것은 내 소설의 중심이 되기 시작했다. 나는 첫 창작집 《고향으로 가는 바람》 후기에서, '잃어버린 고향을 다시 찾은 이제, 나는 오랫동안 묵혀 두었던 묵정밭을 열심히 일구어 씨를 뿌릴 따름이다'라고 썼다. 고향을 다시 찾았다고 한 것은 고향의 역사에 대해 눈뜨기 시작했음을 의미한다. 그리고 다시 찾은 묵정밭을 일구어 씨를 뿌리겠다는 것은, 고향의 역사에 대한 인식을 보다 철저히 확대하면서 이를 복원하겠다는 결의를 나타낸 것이다. 〈징소리〉 등 이 무렵에 쓴 내 소설은 1970년대 산업사회 여파로 고향을 잃어버린 사람들의 아픔을 형상화한 것들이다. 산업화의 바람이 농촌까지 불어와서, 수몰민들이 누대에 걸쳐 가꾸어 온 문화와 소망, 사랑, 역사까지도 수장되어 버린, 상실의 한을 그렸다.

이 무렵 내가 중요하게 생각했던 것은 우리가 살고 있는 시대에 체험한 아픈 현실을 어떻게 하면 보다 생생하게 소설 속에 수용하고 복원하느냐 하는 문제였다. 적어도 현실을 관념적으로 파악하고 싶지 않았던 것이다. 나는 우리 시대의 고향이 안고 있는 여러 가지 문제, 즉 역사와 현실 속에서, 가난하고 나약한 사람들이 겪어 온 총체적인 아픔을 직접 느껴 보고 또 그 역사의 실체를 꿰뚫고 싶었던 것이다. 단순히 고향 사람들의 '살아가는 이야기'가 아닌, 그들 삶의 과거와 현재, 그리고 그 본질까지도 꿰뚫어 보고 그 역사적 맥락 속에서 의미와 치유의 방법을 찾아내야 한다고 생각했다. 그러므로 내 소설에서의 고향은 인물의 성격, 사상, 정서와도 절대적인 관계를 갖게 되며 그 관계 속에서 만들어진 주제이기도 하다. 뿐만 아니라 내 소설에서는 그 인물들이 그 공간에서 체험한 역사를 통해서 변질되는 삶의 과정이나 결과까지도 유기적이고도 절대적인 영향을 주고 있음을 보여 준다. 내 소설에서 고향은 바로 인물이고 스토리이며 주제인 것이다.

통상적인 고향의 개념은 태어나서 자라난 장소를 말한다. 그러나 나는 고향을 단순히 현실적 공간으로만 파악한 것이 아니라, 한걸음 더 나아가서 인간 존재 양식으로 이해하려고 노력했다. 그러니까 고향은 우리 자신의 존재의 본질일 수 있다는 것이다. 궁극적으로 고향의 철학적 개념은 '인간 본래의 모습'이라는 것이다. 그러기에 고향을 상실했다는 것은 인간성을 상실했다는 것과 마찬가지 의미이며, 내가 고향을 복원하겠다는 것은 인간성을 회복하겠다는 것과 다를 바 없다.

나는 많은 고향 사람들이 6 · 25 때 억울하게 죽음을 당한 비참한 현실을 체험했다. 그들은 좌익과 우익이 무엇인지도 모르는 무이념적 인간들이었다. 나는 6·25라는 동족상잔의 비극적 전쟁이 한갓 헛된 사상 놀음이었다는 것을 깨닫고 나서, 억울하게 죽은 우리 마을 사람들의 영혼을 더욱 오래도록 기억하고 싶었다. 어쩌면 내가 소설가가 된 것은 이들의 헛된 죽음을 규명해 보고 싶은 생각에서 비롯되었는지 모른다. 나를 작가로 만들어 준 것은 살아 있는 사람이 아니라, 억울하게 죽은 그들이었다. 나는 역사에 눈뜨기 시작하면서부터 억울하게 죽은 그들의 한을 풀어 주어야 한다고 생각했다. 해한자(解恨者)가 되고자 한 것이다. 내가 그동안 분단 문제나 고향의 아픈 역사에 매달린 것도 이 때문이다. 지금 이 시대가 내게 더 큰 목소리로 그것을 요구하고 있는지도 모르겠다. 잘못된 역사 속에서 억울하게 죽음을 당한 사람들에 대한 해원(解冤)이 이루어져야 한다. 새로운 시대를 열고 통일을 성취하기 위해서는 뼈아픈 자기성찰을 통해 역사의 상처를 치유해야 한다고 생각한 것이다. 이것이 아픈 역사를 체험한 작가적 양심이고 의무라고 믿기 때문이다. 나는 그들 영혼 앞에 고개 숙이고 차디찬 고혼을 쓰다듬어 위로하고 그들의 자존을 되살려 주고 싶은 것이다. 사람들은 내게 역사로부터 자유로워지라고 말한다. 그리고 아직도 6·25냐고 말하는 사람도 있다. 그러나 통일이 다가오고 있는 지금, 6·25는 이제부터라도 철저하게 객관적 시각으로 다시 쓰여져 야 한다고 생각한다. 통일 이후에도 생명력을 갖고 살아남을 분 단 소설이 되기 위해서는 말이다. 내가 작가인 이유도 이 때문 이다.

나는 왜 실험을 거부하는가

21세기에 진입하면서 나는 이 시대의 소설이 갖는 역할과 의미에 대해서 생각해 보았다. 새로운 변화와 다양한 버전의 모색이 시도되고 있는 디지털 시대에 과연 소설은 무엇인가. 내가 쓴 소설이 삶의 진정성을 회복하고 굴절된 역사를 복원하는 데 얼마나 도움이 될 수 있을까.

숨 가쁜 변화 속에서 환경과 삶이 황폐해 가고 있는 이 시대에 소설은 인간이 역사적, 사회적 존재임을 다시 깨닫고 비틀거리는 삶을 바르게 일으켜 세울 수 있는 강한 메시지가 들어 있어야 한다고 생각했다. 어쩌면 내가 오랫동안 역사적 사건에 매달리는 이유도, 진실되고 아름다운 역사적 삶을 살게 하기 위한 소박하면서도 절실한 소망 때문인지도 모른다.

나는 1977년 첫 창작집 《고향으로 가는 바람》을 세상에 내놓으면서 작가 후기에 '내 망막에 신비니 환상이니 관념의 안개 따위 말끔히 걷고, 짓밟고 짓밟히는 사람들의 처절한 목소리와 깊은 상처를 속속들이 쓰다듬고 싶다'고 썼다. 철저하게 리얼리즘 입장에서 휴머니즘을 강조했다. 이 같은 작가적 입장 때문에 〈청소부〉, 〈여름공원〉 등 초기 작품들은 사회성이 강했다. 소설 미학이나 문학성 획득보다는 진실 드러내기와 사회 비판에 비중을 두었던 것이 사실이다. 사회와 역사가 안고 있는 모순에 대해 목소리 돋우기 연습을 한 셈이다. 그때까지만 해도 나는 소설가보다는 당대의 살아 있는 아픔의 역사를 빠뜨리지 않고 낱낱이 알리는 정직한 신문기자이고 싶었는지도 모른다.

그러나 1979년 두 번째 창작집 《흑산도 갈매기》의 후기에서 나는 입장의 변화를 나타냈다. '……나는 이 땅의 모든 고통받는 사람들과 아픔을 같이 나누는 진실의 옹호자로서, 현실 속에서 이상을, 이상 속에서 현실을 파악하며, 근원적인 삶을 사랑하고, 그 뿌리를 캐는 정직한 경작자가 되고 싶다'고 했다.

그러면서 '소설은 가장 구체적이면서도 감동적인 "살아가는 이야기"여야 한다'고 썼다. 여전히 소설은 관념적 주제 해석보다는 서사 구조가 생명임을 강조했다.

그로부터 1년 후, 연작 장편 〈징소리〉에서 한(恨)을 소설 미학으로 수용하려고 했다. 나는 이 작품에서 거대한 댐 건설로 인해 고향을 잃어버린 수몰지 농민들의 '고향 상실의 한'을 드러내 보고 싶었다. 그리고 문학에 있어서 미학적 특질의 하나인 한을 체념이나 패배주의적 감정이 아닌, 끈질긴 생명력으로 해석했다. 고대소설에서 원한 감정인 한은 복수 의지로 발전되었다. 그러나 나는 한을 휴머니즘으로 극복하고자 했다. 원한을 안겨 준 쪽도 원한을 받은 쪽도 공동의 아픔과 이해를 통해 희망을 버리지 않고 건강하게 살아가는 모습을 보여 주고 싶었다. 한국적인 한이야말로 생명의 미학이며 의지의 미학인 것이다. 한은 결코 패배주의자의 한숨이나 체념, 비관주의적 민족 정서가 아니다. 그러므로 한을 품고 살아가는 사람들에게는 끝까지 살아남을 수 있는 생명력이며 싸워 나갈 수 있는 힘과 희망의 원천이기도 하다.

대하소설 《타오르는 강》에서는 개인의 한을 민중의 한으로 확대시켜 보았다. 1886년 노비 세습제가 풀리자 영산강 주변에는 많은 노비들이 처음으로 자신들의 고향을 만들어 갔다. 이 과정에서 지배계급으로부터 핍박을 받게 된다. 나는 이 소설에서 개별적인 한은 큰 힘을 발휘하지 못하지만 여럿의 한이 덩어리로 뭉쳐서 민중의 한이 될 때는 큰 힘을 발휘할 수 있음을 보여 주고 싶었다.

이렇듯 나는 1974년 등단 이래로 고향과 한의 문제에 천착해 왔다. 그리고 1980년대 이후부터는 6·25 공간에서 비극적 삶을 살 수밖에 없었던 무이념적 인간들을 소설에 등장시켜서 분단 극복의 과제를 풀어 보려고 하였다. 소설집《꿈꾸는 시계》와 중편소설 〈철쭉제〉, 〈어둠의 강〉 등이 그것이다. 그리고 장편소설《느티나무 사랑》, 창작 소설집《시간의 샘물》에 이어 2000년에 나온 장편소설 〈그들의 새벽〉에 이어 2002년에 낸 창작집《된장》에 이르기까지 지속적으로 1980년 5월 광주 항쟁을 다루어 왔다.

나는 6·25는 현대사의 가장 핵심적 문제일 뿐만 아니라, 반세기가 된 지금까지도 계속되고 있다고 생각한다. 5·18이 끝나지 않은 것처럼 6·25 역시 끝나지 않은 것이다. 통일이 이루어지기 전까지는 6·25는 흘러간 역사가 아니라, 살아 있는 오늘의 가장 절실한 문제이다. 6·25가 끝나지 않았기 때문에

5 · 18이 일어날 수 있었다고 믿는다.

그러나, 이처럼 역사 속에서의 민중들의 삶이나 분단 극복 문제, 역사적 진실 벗기기 등 일련의 거대 담론들을 다루고 있는 나의 소설이 과연 변화의 시대에 살아남을 수 있을지 모르겠다.

지금은 아무리 진실하다 해도 옛것은 낡은 것이고 '낯선 것'만이 새롭고 아름다운 것으로 평가되고 있다. 역사적 사건은 이미 낡은 가치라고 생각하고 있기 때문에 작가들의 관심 밖으로 밀려나고 말았다. 물론 18세기의 산업혁명에 비유되고 있는 인터넷 혁명 시대를 맞은 우리는 짧은 시간 속에서도 낯선 변화의 충격을 자주 겪고 있다. 미디어테크 시대에는 사회 문화가 재편되고 사이버공간이 인간의 의식마저도 지배할 것이라고 한다. 이 같은 변화 속에서는 역사적 진실과 삶의 진정성은 무시되고 사람들은 자기중심적 사고와 일상의 삶에 매몰될 수밖에 없다. 이렇게 되면 인간이 어떻게 인간답게 살아갈 수 있겠는가.

이 같은 위기의 시대에 작가들은 소설의 진정성을 외면한 채 경쟁적으로 상업주의와 영합하기를 원하고 있다. 변화의 시대에 살아남기 위해서 많은 작가들이 서둘러 버전을 바꾸고 있다. 1990년대에 들어 이미 분단, 인권, 민족, 사회, 역사, 공동체, 폭력, 환경, 노동 문제와 같은 소설 문학의 거대 담론은 사라져 버렸다. 그 대신 세기말적 증후군의 연속선상에서 섹스, 불륜, 일상성, 정체성, 일탈의 문제, 미시적 개인 체험, 황폐한 삶 드러내기 등에 함몰되어 가고 있다. 서사와 거대 담론이 사라진 지금, 상업주의에 길들여진 소설들은 황폐한 도시적 삶의 썩어 문드러진 찌꺼기를 담아 내는 데 열중한 나머지 회생 불가능할 만큼 완전히 병들어 버렸다. 이 같은 소설이 삶의 진정성을 회복하는 데 얼마나 도움이 될지 의문이다.

물론 시대의 변화에 따라 삶의 내용과 지향점도 달라지게 마련이다. 21세기에는 사회가 더욱 다원화되고 이에 따른 문학의 재편도 필연적으로 이루어지리라고 생각한다. 그런데 새로운 세기를 맞은 지금 우리의 소설은 다양성이 철저하게 무시된 채 상업주의와 포스트모더니즘 증후군 속에 너무 오랫동안 매몰되고 있다는 것이 문제다.

이제는 소비 지향적 상업주의를 청산하고 건강한 정서로 소설의 진정성을 회복해야 할 때이다. 건강한 정서 중심의 치열한 문학적 형상화 작업을 통해 병든 삶의 찌꺼기와도 같은 세기말적 증후군 소설을 배격해야 할 때가 온 것이 아닐까. 이제는 이념적 차이나 계파적인 이익, 지역주의의 한계를 초월하여 우리 시대의 과제인 거대 담론을 회복하고 서사 중심의 생명력 있는 건강한 소설 시대를 열어야 할 때라고 생각한다.

19세기 이후 소설이 사회를 변화시키는 데 앞장섰다면 앞으로의 소설은 고여 있는 삶을 자세히 들여다보고 이를 내밀히 탐구해야 하지 않겠는가 싶기도 하다. 나는 비록 삶의 내용이 눈부시게 변한다 해도 인간의 본성과 지향하는 목표는 본디 그대로일 것이라는 믿음을 갖고 있다. 희망을 향한 치열한 삶, 아름다움에 대한 사무치는 감동, 사랑의 눈물겨운 환희, 진실의 소중함, 우리를 일깨우는 아픔과 슬픔, 불기둥 같은 쾌락과 처절한 허무, 죽음에 대한 알 수 없는 두려움, 존재에 대한 끝없는 의문, 공동체 세상의 아름다운 연대 의식, 역사와 사회에 대한 올바른 인식, 희생과 봉사적 삶의 즐거움 등은 어느 시대에도 우리가 간직하며 살아야 할 사람다움의 소중한 가치이기 때문이다.

창조는 결코 '새로움'과 '변화'의 열매가 아니다. 백제 불상의 은근한 미소처럼, 천년이 지나도 변하지 않은 것이 오히려 아름답고 영원히 새로울 수 있지 않는가. 나는 갑자기 어머니가 젊은 시절에 동이로 물을 길어 올 때마다 정수리에 받쳤던 왕골

똬리며, 밤늦도록 바느질할 때 왼손 검지에 끼었던 연둣빛 공단 골무, 불볕 속에서 비지땀을 흘리며 콩밭을 맸던 손잡이가 새까 맣게 닳은 호미가 생각난다. 이 찬란한 문명의 시대에 이미 쓸 모가 없어진 어머니의 똬리와 골무와 호미가 새삼스럽게 그리 워지는 것은 무엇 때문일까. 은갈치처럼 날이 번쩍거린 호미와 땀 냄새가 찐득하게 밴 똬리와 낡은 반짇고리 속의 오래된 골무 야말로 어머니의 고통스러웠지만 아름다웠던 삶의 명징한 흔적 이 아닌가. 그리고 그것은 내 소설 속에서 끊임없이 살아나고 있지 않은가. 21세기에 쓰게 될 내 소설도 다음 사람들에게 지 금 내가 느끼는 어머니의 골무와 호미 같은 삶의 흔적으로 남기 를 바랄 뿐이다.

내 인생을 바꿔 놓은 이 소설
−존 스타인벡의 《분노의 포도》

내가 존 스타인벡의 소설 《분노의 포도Grapes of Wrath》를 처음 읽은 것은 고등학교 2학년 때였다. 연두색 양장 표지를 넘기면 칼라 판으로 인쇄된 들라크루아의 그림 '키오스섬의 학살'이 눈길을 끌었다. 이 무렵 나는 가난한 아버지를 졸라 1960년판 세계문학전집 한 질을 샀다. 나는 책가방 속에 소설책들을 넣고 다녔으며 수업 시간에도 몰래 이 책들을 읽었다. 그 때문에 학교 성적은 자꾸 뒤처졌다. 그렇지만 소설을 읽고 날 때마다 오랫동안 허전했던 내 마음의 창고 속에 무언가 소중한 것들을 차곡차곡 쌓아 가는 듯한 행복감에 젖기도 하였다.

내가 고등학교 때 이 존 스타인벡을 알지 못했더라면 나는 아버지의 소원대로 일류 대학에 갈 수 있었을 것이고 지금쯤은 세속적인 출세를 했을지도 모를 일이다. 아무튼《분노의 포도》, 이 소설은 내 인생을 바꿔 놓고 만 셈이다.

솔직히 나는 세계문학전집을 읽기 전에는 별로 체계적인 독서를 하지 못했다. 중학교 때는 배지 공장에 다니는 삼촌이 읽던 김래성의 번안 소설이나 방인근의 〈새벽길〉, 박계주의 〈순애보〉 따위의 소설을 접할 수 있었다. 그러나 이 소설들을 읽고 나면 인공 감미료 사카린을 물에 타서 마시고 났을 때처럼 오히려 야릇한 갈증만 더해졌을 뿐, 허전한 마음을 달랠 수가 없었다. 그러다가 고등학교에 들어가 김동리나 황순원의 작품을 읽으면서 비로소 문학적 접근이 시작되었다.

《분노의 포도》는 내가 처음 읽은 외국 소설이다. 소설을 읽고 나자 가슴이 먹먹할 만큼 전율과도 같은 흥분을 느낄 수가 있었다. 그 무렵 내가 좋아하던 김동리나 황순원 등의 국내 소설을 읽었을 때에는 전혀 느끼지 못했던 생소한 감정이었다. 낯설고 벅찬 감동 속에서 세계문학전집 한 질을 다 읽고 나자 완전히 세상이 달라져 보였다. 전에 보이지 않았던 색깔들이 보이기 시작했다. 그때 비로소 나는 이 세상은 참으로 수많은 색깔로 이루어졌음을 어렴풋하게나마 이해할 수가 있었다.

내가 소설가가 되기로 결심한 것은 존 스타인벡의 《분노의 포도》를 읽고 나서였다. 나도 존 스타인벡처럼 고향 사람들의 이야기를 쓰고 싶었다. 국내 작가들의 소설을 읽었을 때만 해도 시인이 되어야겠다는 생각을 갖고 있었던 나는 이 소설을 읽고 나서 소설가가 되기로 마음을 바꾼 것이다. 세 번을 읽고 나자 소설의 내용과 인물들이 마치 영화의 장면처럼 머리에 선명하게 그려졌다. 대화 내용까지도 그대로 내 마음속에 살아 있었다.

내가 이 소설에 매료된 것은 그의 현실에 대한 비판적 시각보다는 밑바닥 사람들에 대한 따뜻한 애정과 고향을 사랑하는 애틋한 마음이었다. 이 소설은 고생과 학대를 받아 가면서도 끝까지 자기 힘으로 살아 보려는 의지적 인간형을 그려 내고 있다. 특히 조드 일가를 지탱해 주고 있는 강인한 어머니에게서 6·25때 우리네 가정을 지켜 주었던 어머니의 모습을 발견할 수 있었다.

존 스타인벡은 고향을 사랑하는 작가라는 점에서 마음에 들었다. 그는 자기가 잘 아는 정든 고향 캘리포니아 주 몬트리

고장의 셀레너스 일대의 산과 계곡을 자기 작품의 배경으로 삼았다. 그는 고향에 살고 있는 소박한 농사꾼들의 생태와 그 속에 비친 슬프고도 아름다운 인간들의 삶을 리얼하게 그려 냈다. 그는 고향에서 고등학교에 다니면서 농장 일을 거들고 농민들과 같이 생활했는가 하면 근처의 당밀 시험장과 농장에서 품팔이를 하기도 했다. 그의 이 같은 체험이 그를 고향을 사랑하는 작가로 만들었는지 모른다. 특히 존 스타인벡은 어떤 작가보다 고향의 자연을 찐덥게 사랑했다. 그의 소설에는 고향의 산과 골짜기와 언덕과 숲, 그리고 그 속에 사는 뭇 생물들이 등장한다. 그는 고향의 숲 속에서 지저귀는 새, 밤에 우는 승냥이 소리며 자연과 함께 살아가는 원초적인 인간들의 소박한 감정을 중요하게 소설 속에 그대로 재생시켰다.

나는 이 소설을 읽고 나서 당시 미국 사회가 안고 있었던 현실적 문제가 무엇이며 이 소설이 우리에게 어떤 메시지를 전달하고 있는가를 생각해 보았다. 나는《분노의 포도》를 읽고 나서 당시 미국의 경제적 사회적 사정을 얼추 짐작할 수 있었다. 1929년 미국에 대공황이 휩쓸었다. 헤밍웨이의《무기여 잘 있거라》, 레마르크의《서부전선 이상 없다》가 출판된 것도 같은 해였다. 전후의 허무와 절망 속에서 자아를 찾으려는 새로운 시대정신이 요구된 시기였다.

《분노의 포도》는 1930년대 미국 경제 대공황기에 토지에
서 밀려나 생존의 고통을 겪은 농민들의 삶을 리얼하게 그리고
있다. 이 무렵 미국에서는 수많은 은행과 공장이 폐쇄되어
1,000만 명의 실업자가 생겨 도시마다 구걸 인파로 들끓었다.
특히 이 무렵 지주들에게 농토를 빼앗긴 많은 소작인들이 고통
을 당했다.

스타인벡은 당시 농민들의 참상을 소설로 그렸다. 그는 이
작품에서 미국 사회의 모순에 정면으로 도전하여, 보수적이던
미국 문단에 비판적 리얼리즘 혹은 사회주의적 리얼리즘의 전
통을 세웠다. 이 작품은 미국의 사회 현실을 폭로한 것이라고
하여 미국에 적의를 품고 있던 나라들, 특히 나치 독일이 미국
을 비난하는 선전에 많이 이용하기도 했다. 미국 사회의 현실이
이 꼴이니 미국은 곧 망하게 될 것이며 히틀러가 자신만만하게
전쟁을 확대시켰다는 것이다.

스타인벡은《분노의 포도》를 통해서 우리에게 세 가지의 메
시지를 전해 주고 있다. 그 첫째는 경제 공황기 농민들의 고통
스러운 삶의 실상을 구체적으로 보여 주고 있다는 것이다. 공황
기에 소수의 대자본가와 대지주 층은 자신들의 이익만을 확대

하기 위해 무차별적으로 농민들에 대해 수탈을 자행, 결국 수많은 농민들이 토지를 잃고 부랑자가 되었다. 작가는 당시의 현실에 대해 "백만 에이커를 가진 한 사람의 대지주를 위해 10만 명의 농민이 굶주리고 있다"고 했다. 두 번째는 고난 속에서도 끈끈한 가족의 사랑을 보여 주고 있다. 소설의 주인공 조드 일가는 탐욕스런 대지주의 희생물이 되고 새로운 일자리를 찾아 캘리포니아로 떠나지만 결국 정착하지 못하고 떠돌이 부랑자가 된다. 이 같은 어려움 속에서도 가족애로 고난을 이겨 내, 가족의 소중함을 일깨워 주고 있다. 세 번째는 이 소설의 주제라고 할 수 있는 휴머니즘 정신이다. 작품 전편에 밑바닥 인생들의 강인한 생명력과 따뜻한 휴머니티가 깔려 있다.

이 소설의 중요한 메시지는 마지막에 담겨 있다. 샤론의 장미가 굶어 죽어 가고 있는 50대 사나이에게 자신의 젖을 빨려 살려 내는 장면이야말로 휴머니즘의 극치이다. 이 장면이 다소 작위적이라는 비판을 받기도 하지만 고난에 굴하지 않는 인간의 생명력과 따뜻한 인간애에 가슴 뭉클함을 느끼게 한다.

소설가가 된 후에 나는 다시 한 번 《분노의 포도》를 읽었다. 그리고 《분노의 포도》만으로 스타인벡의 소설 세계를 한마디로 사회주의적 리얼리즘 작가라고 단정 지을 수는 없다는 것을 알았다. 나는 존 스타인벡을 좀 더 이해하기 위해 그의 다른 작품들을 읽었다. 그의 다른 작품들은 《분노의 포도》와는 또 다른 작품 세계를 보여 주고 있음을 알았다.

초기 작품 〈금배Cup Gold〉에서는 해적을 다룬 역사적 로맨티시즘에 빠지기도 했다. 〈진주The Pearl〉에서는 만화적 신비주의를, 〈토르티야 대지Tortilla Flat〉에서는 혼혈인종인 파이사노들의 순박한 생활 태도를 페이소스와 유머를 섞어 밝고 명랑하게 그려 냈다. 그런가하면 〈승부를 알 수 없는 싸움In Dubious Battle〉에서는 노사 간의 어둡고 치열한 투쟁을, 〈생쥐와 인간Of Mice and Men〉에서는 정신박약자이며 이주 농민을 따뜻한 애정을 가지고 그려 냈다. 〈에덴의 동쪽East of Eden〉은 원죄로부터의 해방을 주제로 자신의 가계를 다루었으며 〈바람난 버스The Wayward Bus〉에서는 대전 후 미국 사회의 도덕적인 혼란을 형상화했다.

이처럼 그는 작품마다 그 내용과 기법에 변화를 보여 주고 있어 실로 그의 작품 세계는 다양하다.

내 방 서가에는 아직 내가 고등학교 2학년 때 읽었던 세계문학전집 제2권 《분노의 포도》가 꽂혀 있다. 나는 가끔 내 인생을 바꿔 놓은 이 책을 꺼내 들고 소리 내어 읽어 보는 버릇이 있다. 그리고 그 시절의 감동을 재음미해 보곤 한다. 소설 한 편이 갖고 있는 감동과 신비와 위대한 힘에 스스로 놀라움을 감추지 못하면서.

삶 속에서 소설을 찾자

처음 소설을 쓰고자 하는 사람의 최초의 몸짓은 '어디서 소설을 찾아야 하는가' 하는 것이다. 그 대답은 너무 간단하다. 그런데도 소설을 쓰고자 하는 사람은 자신이나 자신의 주변에서 소설을 찾으려고 하지 않고 되도록이면 시선을 멀리 던지려고 한다. 이것은 큰 잘못이다. 소설을 쓰고자 하는 사람은 먼저 자신이 서 있는 현실적 삶 속에서 소설을 찾아보려고 애써야 한다.

'소설가들은 한 발은 시궁창에, 그리고 다른 한 발은 잔디

발을 딛고 살아가는 사람들이다' 라는 말도 있다. 그것은 현실과 이상을 동시에 소설 작품 속에 수용해야 한다는 의미로 받아들여진다. 그러나 아무리 빛나는 이상이라고 해도 그것이 현실과 동떨어진 것이어서는 안 된다. 현실을 관통하지 않은 이상은 망상과 다를 바 없기 때문이다. 그러니까 이상 그 자체도 현실 속에 있다는 것을 알아야 한다. 아무튼 현실이 됐건 이상이 됐건 소설은 우리의 삶의 한복판에 있다. 문학은 바로 우리의 삶 그 자체이기 때문이다.

나는 그 때문에 소설가가 되기를 원하는 젊은이들에게 '먼저 철저하게 삶을 이해하고 사랑하라' 는 말을 되풀이한다. 그렇다면 삶이란 무엇인가. 인간의 삶이란 단순한 생명의 연장인가. 그렇지 않다. 다른 동물들과 달리 자신의 역사를 인식하고 있는 인간의 삶이란 '인간다운 자존의 생명' 을 지켜 나가는 것을 의미한다. 그것은 자유와 평등을 누리는 삶을 의미한다. 물론 삶의 유형에는 여러 가지가 있을 수 있다. 종교적 삶, 이성적 삶, 이념적 삶, 투쟁적 삶, 자연적 삶, 절망적 삶, 희생적 삶 등. 인간은 도덕적, 종교적, 이성적 존재이기 때문에 앞서 말한 여러 가지 삶의 유형과 연관 지어 생각해 볼 수 있을 것이다. 그러나 도덕과 종교는 사회와 역사 이후의 문제이다. 현실적 삶에서 가장 중요한 문제는 인간이 사회적, 역사적 존재라는 것을 인식하는 것으로부터 출발해야 한다. 역사적, 사회적 맥락은 바로 자아와 세계를 연결시켜 주고 있기 때문이다.

그러므로 인간은 삶이라는 것을 통해서 사회적 존재임을 확인하고 그 사회 안에서 나의 존재가 바로 서 있으며 내가 일한 만큼 사회 안에서 대접을 받고 있는가, 그리고 내가 속해 있는 이 사회의 역사는 잘 돌아가고 있는가에 대해서 끊임없이 생각해야만 한다. 이 같은 노력은 인간이 보다 나은 삶을 영위하기 위한 기본적인 자세이다. 이 같은 노력을 계속하다 보면 역사, 사회, 경제, 문화와의 구조적 역학 관계를 중심으로 우리가 살고 있는 현실에 대한 정확한 진단이 가능하다. 그리고 필연적으로 우리의 삶을 압박시키는 오늘의 문제가 무엇인가 하는 물음과 만나게 된다. 소설가는 스스로 이 물음을 되풀이해야 한다. 그러나 소설 속에 그 답을 제시할 필요는 없다. 문학은 삶에 대한 정답을 제시해 주는 것이 아니다. 문학은 독자들 스스로가 정답을 찾아내도록 유도할 뿐이다. 이 물음에 대한 소설가의 직설적인 정답은 관념적이고 추상적이기 마련이다. 그리고 이것은 괴테가 말한 '모든 이론은 회색이며 생명의 나무는 푸르다'라는 의미와 상통한다. 여기서 소설가는 관념적인 대답보다는

'푸른 생명의 나무'를 확실하게 보여 주어야 한다.

소설은 결국 인간의 삶을 소재로 하고 있기 때문에 '삶 지키기'이다. 문학은 삶에 긍정적인 의미 부여를 위해 출발했다. 유사 이래 삶의 무의미성과 고통의 양은 줄어들지 않고 있다. 따라서 삶의 고통이 심하면 심할수록 위로의 노래가 되어 준 문학은 더욱 찬란하게 꽃 피웠다. 그리고 인간이 자신의 존재 의미를 파악하고 살아갈 수 있는 실존적 삶의 눈을 뜨게 만들었다.

그러므로 문학과 삶의 관계는 별개의 것이 아니며 삶으로서의 문학, 문학으로서의 삶이어야 한다. 그리고 문학이 보다 인간다운 삶이 되게 하기 위해서 소설가는 삶의 현장으로부터 절실한 깨달음이 있어야 한다. 그러기 위해서 소설가는 삶의 현장 한가운데 있어야 한다. 문학이 소수의 특권층이나 취향에 봉사할 것이 아니라 특권층이 못된 사람들의 삶을 올바르게 드러내고 그것을 보다 좋게 개선하는 것이라야 한다.

그렇다면 우리의 삶은 어디에 있는가. 하느님 마음속에도, 무지개 안에도, 꽃잎이나 텔레비전 화면 속에 있는 것이 아니다. 삶의 뿌리는 바로 자신이 서 있는 현실 속에 있다. 그러므로 소설가는 현실적 삶을 위태롭게 만드는 여러 가지 요소들을 제거하지 않으면 안 된다. 그 요소의 제거 작업이 바로 소설이다.

그렇다면 우리의 현실적 삶을 위협하는 여러 가지 요소들은 무엇인가. 그것은 폭력, 이데올로기의 굴레, 산업화로 인한 비인간화, 빈곤, 소외, 인권 유린, 계층 간의 갈등, 전쟁 등이다. 그리고 소설이 이 같은 폐해적 요소들을 제거하는 작업이라는 점에서 '소설은 사회를 반영하는 데 그치지 않고 사회를 형성한다'는 적극적인 입장을 취할 수 있다는 것을 인식해야 한다. 사실 19세기에 리얼리즘이 화려하게 꽃을 피운 것도 그 사회가 안고 있는 병폐와 모순의 쓰레기 속에서 적극적으로 인간의 삶을 옹호하였기 때문이다.

그러나 21세기를 눈앞에 두고 있는 지금도 19세기적 현상들이 그대로 잔존하고 있음을 알 수 있다. 폭력, 전쟁 위협, 빈곤, 소외, 인권 유린, 계층 간의 갈등, 환경 파괴 등이 그렇다. 이처럼 비인간화 폐해 요소들이 우리의 삶을 위협하고 있는 이 시대에도 여전히 휴머니즘 부활 운동은 필요하다. 특히 잘사는 나라, 산업이 고도화되고 핵무기를 가지고 있으며 소득이 높은 나라일수록 휴머니즘 부활 운동으로서의 삶의 문학이 더욱 절실히 요구된다. 사실 미국같이 잘사는 나라에서는 이미 휴머니즘은 죽어 버렸다. 지금 미국은 다만 영화나 예술을 통해 휴머니즘을 흉내 내고 있을 뿐이다. 어떻게 보면 삶의 문학이야말로 휴머니즘 부활 운동인 동시에 진정한 인간 해방운동일 수 있다. 진정한 해방과 평화는 전쟁이 없는 상태일 뿐만 아니라 굴욕, 파괴, 공포, 빈곤, 소외, 고통, 인권 유린으로부터 풀려나는 것을 의미한다. 이 문제는 지난 세대의 문제가 아니고 오늘의 문제이며 영원히 풀어야 할 우리의 과제일지도 모른다.

물론 소설이 현실적인 삶의 문제에만 천착하다 보면 소위 말하는 예술성이 결여된다면서 이를 경계해야 한다고 말하는 사람도 있다. 그러나 리얼리즘의 적이라고 하는 신비주의니 허무주의니 하는 것들도 모두 삶의 문제가 아니고 무엇인가. 예술성의 의미 부여를 쉽게 할 수 있다는 허무와 신비 등 관념적인 문제들도 결국은 실존적 삶의 영역 안에서 파악되어져야 하지 않는가.

자, 이제 소설을 쓰고자 하는 사람은 지금까지보다는 더욱 진지하게 삶의 실체를 깊이 들여다보기 바란다. 우선 자신의 삶부터 들여다보고 무엇이 문제인가를 생각해 볼 필요가 있다. 어떻게 그 문제를 풀어 갈 것인가를 생각하는 것 자체를 소설의 출발점으로 삼아야 한다. 물론 주변의 사람들, 그리고 이 세상의 모든 사람들의 삶을 관심 있게 들여다보고 문제점을 찾아내어 해결할 수 있는 방법을 생각해 봐야 한다.

정치, 경제, 문화도 삶과 연관해서 생각해야만이 괴테의 말처럼 '푸른 생명의 나무'를 보여 줄 수 있다. 하늘의 구름이나 들에 핀 꽃과 날아가는 새, 교회의 십자가도 우리의 삶과 연결될 때 비로소 생명 있는 소설의 대상이 될 수 있다. 그렇지 않고 소설이 삶과 유리될 때 문학은 오히려 인간에 해를 끼칠 수도 있다. 작가가 사회적, 역사적 삶의 의미를 망각할 때, 문학이 풍류나 취미가 되거나 힘 있는 자에게 이용당할 때, 오히려 문학은 인간을 위협하는 존재가 되는 것이다.

‘무엇’을 ‘어떻게’ 쓸 것인가

소설을 처음 쓰고자 하는 작가 지망생은 누구나 ‘무엇을 어떻게 쓸 것인가’ 하는 문제에 부딪히게 된다. 이때 ‘무엇’은 쓰고자 하는 소설의 내용, 즉 소재와 주제를 말하고 ‘어떻게’는 형식, 즉 구성과 표현 등 방법론을 뜻한다. 대부분은 소재와 주제보다는 기법의 문제에 더 신경을 쓰게 마련이다. 형식을 중요시하는 사람의 입장에서 보면 소설의 소재야 우리 주변에 지천으로 널려 있어, 기법만 익히고 나면 잘 쓰게 될 것이라고 믿을 것이다. 그러나 내용을 더 중요시하는 사람은 좋은 소재를 선택

하고 그 소재를 통해서 주제를 드러내는 문제야말로 소설 쓰기
의 요체라고 생각할 것이다.

필자의 경우 습작 시절에는 문장에서부터 구성 등 기법을
터득하는 일이 어려웠던 것 같다. 그 때문에 습작기에는 선배
작가의 소설을 원고지에 베껴 쓰기를 하는 등 거의 문장 공부
에 치중했다. 그러나 작가가 된 후에는 기법보다는 좋은 소재
를 찾고 주제를 확실하게 드러내는 일이 훨씬 어렵고 중요하다
고 생각하게 되었다. 따라서 나는 작가 지망생들이 형식 논리
에만 묶이지 말고 쓰고자 하는 소설의 내용에 더 신경을 써 주
었으면 한다. 표현이나 구성에는 다소 흠이 있으나 참신한 소
재에 확실한 주제를 드러내는 습작 소설을 쓴 작가가 대성할
가능성이 더 많기 때문이다. 기법은 기능에 속하기 때문에 오
랫동안 소설을 쓰다 보면 저절로 터득하게 되지만, 강한 주제
를 드러낼 수 있는 좋은 소재를 선택하는 안목은 인생관, 세계
관의 문제인 것이다.

사회가 다변화되고 삶의 가치관도 다양해진 요즘에는 좋은
소재를 선택하기란 그리 간단치가 않다. 1980년대 거대 담론,
즉 남성적 세계관이 우리를 지배했을 때까지만 해도 우리 소설
의 내용은 어느 정도 패턴화되어 있었던 게 사실이다. 그러나

거대 담론이 사라지고 서사성이 약화되면서부터 여성적 세계관이 우리의 삶 속으로 깊숙하게 파고들었고 일상의 문제와 개인적 체험이 중요시되는 등 소설의 내용이 다양해졌다. 그렇다고는 하나 일상의 문제에서 신선한 소재를 찾아내기란 결코 쉽지가 않다.

자, 그렇다면 '어떻게 써야 할 것인가' 하는 문제는 잠시 미루고 '무엇을 쓸 것인가'부터 생각해 보기로 하자. 먼저 쓰고자 하는 소재를 찾아보자. 어디서 소재를 찾을 것인가. 세상에는 여기저기에 이야깃거리가 널려 있다. 그러나 그 많은 이야깃거리가 모두 소설의 소재가 될 수는 없다.

소재 찾기의 첫 번째 단계는 자기가 잘 아는 것에 관심을 갖는 일이다. 처음 소설을 쓰고자 하는 사람은 자신의 내부에서 소재를 찾아보는 것이 가장 쉬운 방법이다. 지금 자신이 안고 있는 가장 절실한 문제가 무엇인가를 생각해 볼 필요가 있다. 지금까지 살아오면서 가장 고통스러웠거나 괴로웠던 일, 또는 자신이 가장 증오했거나 사랑했던 사람을 떠올려 봐도 좋다. 자신의 이야기가 아니면 부모나 조부모, 친척 혹은 친구의 이야기도 무방하다. 작가는 자신이 체험한 내용을 바탕으로 상상력을 통해 경험적 세계를 재구성하는 경우가 많다.

두 번째는 그 시대의 가장 절실한 문제가 무엇인가를 생각해 봐야 한다. 즉 시대 정신을 꿰뚫는 문제를 찾는 것이다. 오늘의 소설에서 분단 문제, 인권, 폭력 등 거대 담론이 사라졌다고는 하나, 아직 우리는 분단의 상태에 있고 통일을 이루어야 할 역사적 과제를 안고 있다. 그리고 우리 주변에는 아직도 인권과 폭력 등 사각지대가 많은 것도 사실이다. 일상적 체험을 미시적으로 드러내는 일도 좋지만 작가는 역사적, 사회적 존재라는 것을 망각해서는 안 된다.

세 번째는 우리 생활 속의 공통 관심사 중에서 소재를 찾는 일이다. 탁월한 작가는 소재주의에 매몰되지 않고 가장 보편적이고 일상적인 문제 안에서 삶의 본질과 진정성을 가장 확실하게 보여 준다고 한다. 그런 점에서 작가는 항상 보편주의 원칙에서 크게 벗어나지 않아야 한다.

네 번째는 인간의 존재 양식에 관한 문제, 즉 삶과 죽음 등 시간과 공간을 초월하여 영원히 생명력을 유지할 수 있는 소재를 찾아야 한다. 고전의 명작이 아직 우리에게 삶의 지표가 되고 있는 것은 그 내용이 시공을 초월하고 있기 때문이다. 그러나 무엇보다 좋은 소재는 참신한 내용이어야 하고 주제를 뽑아낼 수 있는 소재라야 한다.

그러면 2001년에 발표했던 졸작 〈느티나무 아래서〉를 예로 들어 창작 과정을 설명하겠다. 그 무렵 나는 신문에서 '미전향 장기수의 죽음'에 대한 기사를 읽었다. 나는 오래전부터 미전향 장기수에 대한 소설을 쓰고 싶었다. 전향서만 쓰면 교도소에서 나올 수가 있었지만 상당수의 사상범들은 끝까지 전향서를 쓰지 않고 교도소 생활을 하고 있었다. 이미 사회주의가 몰락한 지금, 도대체 이념이 무엇이기에 끝까지 전향서를 쓰지 않고 한평생 영어(囹圄)의 삶을 살고 있는 것인지 궁금했다.

내가 쓰고자 하는 소설의 소재는 이미 결정되었다. 그 소재 안에는 분단으로 인한 시대적 고민이 들어 있다고 생각했다. 분단 시대를 살고 있는 우리들에게 이념의 문제는 아직도 미해결의 과제로 남아 있지 않은가. 문제는 미전향 장기수의 죽음을 통해서 어떤 주제를 드러낼 것인가 하는 것이었다. 주제는 바로 소설의 핵심이기에 작가는 무엇보다 주제를 중요하게 생각해야 한다. 내가 소설 공부를 시작할 때까지만 해도 소설은 이야기가 있어야 하고 사건과 갈등이 구성의 핵심이라고 배웠다. 그러나 지금은 그렇게 생각하지 않는다. 이야기, 즉 서사는 주제를 풀어 나가는 도구에 불과하고 보다 중요한 것은 주제라고 생각하고 있다. 주제는 무엇인가. 사전적 해석은 작가가 그리려고 하는 주요 제재, 즉 작품의 중심이 되는 사상이다. 좀 더 나가면 작가가 독자에게 전하려고 하는 메시지 정도로 알고 있다. 그러나 내가 생각하는 소설의 주제는 '삶의 의미 해석'인 것이다. 작가가 소설에 등장하는 인물을 통해서 삶의 의미를 해석한다는 것은 결코 쉬운 일이 아니다. 그러기에 강한 주제를 드러내기 위해서는 인생관, 세계관이 확립되어 있지 않으면 안 된다. 그렇다면 인생관 세계관은 어디에서 얻어지는가. 그것은 인간의 삶에 대한 깊은 이해와 통찰력, 사회와 역사에 대한 올바른 인식의 바탕 위에서 가능하다.

현대 소설에서는 스토리보다 주제를 중요시 한다. 그 때문에 작가는 주제를 강하게 드러내려고 한다. 한 가지 의미만을 드러내는 주제를 대 주제 혹은 겉 주제라고 하고 여러 가지 의미를 내포하고 있는 주제를 속 주제 혹은 소 주제라고 한다. 물론 다의적(多義的)인 주제를 강한 주제라고 한다. 요즘 소설의 주제는 다의적이다.

나는 〈느티나무 아래서〉에서 미전향 장기수가 죽을 때까지도 전향서를 쓰지 않은 것은 '신념' 때문이라고 파악했다. 그러니까 사회주의자 박기철 씨의 삶의 의미는 '인생의 성공 실패를 떠나서 남자가 한 번 선택한 신념을 끝까지 지키며 사는 일은 아름답다'고 한 것에 있다. 이 소설의 대 주제를 신념이 없는 시대에 신념을 위한 삶으로 생각했다. 그리고 소 주제는 이념의 갈등으로 인한 연좌제 문제, 혈연의 복원, 행복의 최소 단위 공간 등으로 설정했다.

작가에 따라서는 선택한 소재 안에서 미리 주제를 설정해 놓고 쓰는 사람이 있는가 하면 쓰는 과정에서 자연스럽게 주제가 드러나게 된다고 하는 작가도 있다. 후자의 경우, 소재를 선택하는 순간 이미 그 소재 속에 주제가 싹트게 된다는 것이다. 그러나 내 경우는 일단 소재를 선택한 다음에는 주제를 어떻게 드러낼 것이며 어디에 어떻게 숨길 것인가를 미리 생각해 놓고 나서 소설을 쓰기 시작한다. 나는 다음의 대화 속에 주제를 숨겨 두기로 했다.

"내가 선택한 길을 그냥 걸어갈 뿐이다. 어차피 목적지는 같은데 한 번 선택한 길이 가시밭길이라고 해서 다른 길로 바꿀 수는 없지 않겠냐. 나는 오직 신념만을 위해 살아왔다. 그래서 내 인생은 이렇게 실패하고 말았다만…… 변하지 않는 신념은 아름답다는 믿음을 갖고 있다."

왜 전향서를 쓰지 않았느냐는 동생의 물음에 형 박기철 씨의 대답이다.

자, 그러면 소재와 주제 등의 내용이 결정되었으니 이제부터는 방법론의 단계이다. 구성의 단계에서는 인물, 시점, 중심 줄거리, 에피소드, 알레고리, 갈등 구조 등을 생각할 수가 있다. 먼저 인물 설정부터 해 보자. 소설이 인간의 삶을 소재로 삼기 때문에 인물 창조는 매우 중요하다. 소설을 인물 탐구라고 말하는 이유가 이 때문이다. 단편소설에서 등장인물은 3~5명이 적당하다. 〈느티나무 아래서〉에서 나는 미전향 장기수 박기철(70대), 박기철의 동생 형구(60대), 형구의 세 아들 등 주요 인물로 다섯 명을 설정했다. 박기철은 공산주의자로 월북, 간첩으로 남하했다가 붙잡혀 미전향 장기수로 오랫동안 교도소 생활을 했다. 보호 관찰 대상으로 출소했으나 곧 병들어 죽게 된다. 그의 동생 형구는 빨갱이 형 때문에 어려서부터 많은 고초를 겪었다. 걸핏하면 빨갱이 동생이라는 손가락질을 받았기 때문에 형님에 대해 감정이 좋지 않다. 어렵사리 시청 앞에 콧구멍만 한 도장 가게를 마련하여 근근이 살아가고 있다. 그에게는 그나마 도장 가게를 행복의 공간으로 알고 살아간다. 형님이 출소했다는 소식을 접하지만 만나고 싶어 하지 않는다. 옛날에 그랬던 것처럼 또다시 형님 때문에 피해를 당하고 싶지가 않았던 것이다. 동생 형구에게는 세 아들이 있다. 그들은 서로의 삶을 이해하고 존중해 준다. 첫째 원철은 트랜스젠더이고 둘째 경철은 권투 선수, 셋째 계철은 백댄서이다. 옛날 형구가 빨갱이 형님 때문에 삶이 송두리째 뒤틀렸던 것과는 사뭇 대조적이다.

형제간의 갈등은 과거로 제한되어 있다. 형 때문에 위축된 삶을 살아온 동생은 형제간의 갈등을 어쩔 수 없는 역사적 상처로 받아들이고 있다. 요즘 소설에서 갈등과 화해 구도를 강하게 드러내지 않는다. 리얼리즘 소설에서 중요시했던 타아 갈등, 즉 나와 너와의 갈등이나 나와 사회와의 갈등은 많이 약화되었고 자아 갈등, 즉 심리적 갈등은 확대되었다. 설령 갈등으로 짜여진 소설이라 할지라도 작가가 화해까지 보여 주지는 않는다. 독자에게 화해를 맡길 뿐이다. 그러나 이 소설에서는 6 · 25 세대인 박기철 형제의 갈등은 어느 정도 보여 주고 있는 셈이다.

인물이 설정된 다음에는 시점을 결정해야 한다. 작가 전지적 시점을 택하려고 했으나 1인칭 관찰자 시점으로 결정했다. 동생 형구인 ‘나’의 시점에서 형님 박기출의 삶을 보다 객관적으로 비판해 보고자 한 것이다. 1인칭 관찰자 시점은 1인칭과 3인칭의 장점을 살릴 수 있기 때문이기도 하다. 전통적인 소설 쓰기에서는 시점의 이동은 금기해 왔다. 그러나 요즘에는 시점의 이동이 자유로워지고 있는 추세다.

시점의 결정 다음에는 중심 줄거리와 에피소드 혹은 알레고리를 만들어 배치하는 일이다. 옛날 소설에서는 스토리 전개가 소설 구성의 핵심이었다. 그러나 요즘 소설에서는 서사가 약화된 반면 에피소드와 알레고리 중심으로 짜여져 있다. 그렇다고는 하나, 중심 줄거리는 구성의 기본 골격이라고 할 수 있다. 물론 스토리가 소설 전체를 지배해서는 안 되겠지만 주제를 드러내기 위해서는 알레고리와 에피소드만으로는 부족하다. 중심 줄거리가 너무 장황해서도 안 된다. 소설을 꽃나무에 비교하자면 중심 줄거리는 몸통 줄기이고 가지는 에피소드, 잎은 표현, 꽃은 알레고리, 열매는 주제에 해당된다고 할 수 있다.

〈느티나무 아래서〉의 중심 줄거리는 간단하다. 미전향 장기수가 죽게 되어, 빨갱이 형 때문에 삶이 뒤틀려 버린 동생이 장례를 치르면서 형제간의 해묵은 갈등을 풀어 가는 이야기다. 이 소설은 전통적 소설 쓰기 버전에 해당되기 때문에 알레고리 장치는 없는 편이다. 굳이 알레고리라고 한다면 1.5평짜리 공간 속의 작은 평화, 형님의 유품인 안경을 끼고 세상 바라보기 정도이다. 한편 에피소드는 형님의 출소와 만남, 형님 때문에 당

한 과거의 피해, 죽음, 장의 버스 속의 분위기, 장례, 서로에게
아무런 피해도 주지 않은 세 아들의 각기 다른 삶 보여 주기 등
이다. 문제는 알레고리와 에피소드를 어떤 순서로 배치하느냐
하는 것이다. 나는 구성에서 중요한 것은 소설 재료들의 적절한
배치라고 생각하고 있다. 효과적으로 배치해야만 주제를 강하
게 드러낼 수 있기 때문이다.

　구성이 끝나면 공간과 시간의 선택, 필요한 소도구 등 특기
할 만한 것들을 꼼꼼하게 체크하는 일이 남아 있다. 소설에서
공간과 시간은 매우 중요하다. 장례를 치른 날의 날씨도 소설의
전체적인 분위기와 밀접한 관계가 있다. 픽션(허구)은 '작가가
상상력을 통해 만들어 낸 또 하나의 세상'이고 그 세상에 등장
하는 모든 것들은 각기 의미와 역할이 주어지기 때문이다. 예를
들면 작품 속에서 비가 내리고 새가 날고 꽃이 피는 것은 저마
다 의미를 갖고 있다. 나는 이 소설에서 형님이 남긴 편지와 유
품들에 많은 의미를 부여하려고 했다. 검은 뿔테 안경, 오래된
회중시계, 사진 두 장 등이 그것이다. 동생은 형이 남긴 시계의
태엽을 감아 보기도 하고 안경을 써 보기도 하면서 43년 동안
단절된 혈연의 관계를 복원하려고 했다. 그리고 사진 두 장을
통해서 형의 과거와 오늘을 보여 주려고 했다. 한 장의 사진은

6 · 25 전에 고향에서 형제가 함께 찍은 것이고, 다른 한 장은 북에 있는 형수와 두 조카 등 형의 가족사진이다. 소도구가 준비된 다음에는 꼭 필요한 대화도 미리 생각해 두어야 한다. 나는 이 소설에서 43년 만에 만난 형님과 동생이 나눈 대화를 매우 중요시했다. 그리고 그 대화 속에 주제를 감추려고 했다. 또 아들 녀석이 "큰 아버지 국적은 어디죠?" 하고 묻는다거나, 저수지에 형님의 유골을 뿌리면서 "형님, 여기서 낚시질이나 하면서 통일될 날을 기다리세요" 하고 말하는 내용은 쓰기 전에 미리 메모를 해 두었던 대화다. 대화 외에도 집중적으로 묘사를 할 부분이라든가 수준 높은 수사법을 구사하기 위한 준비, 또는 작품에 적합한 전문적인 어휘 등도 찾아 두는 것이 좋다.

이제 남은 것은 준비된 재료로 소설을 쓰면 된다. 그런데 어떻게 시작을 할까. 첫 문장을 어떻게 쓸까 하는 고민이 있다. 소설은 시작과 끝이 매우 중요하다. 그래서 어떤 작가는 "소설은 시작과 끝만 있다"고 말하기도 한다. 그러기에 작가들은 시작 첫 자와 끝의 첫 자에 많은 시간과 고통을 쏟는다. 시작에서는 독자를 끌어들이는 힘이 있어야 하고 소설의 전체적인 분위기를 예시해 주어야 한다. 그리고 끝은 주제를 숨기기에 좋고, 강한 인상과 독자로 하여금 속편을 쓰고 싶어 할 만큼 여백을

남겨 둘 필요가 있다. 끝은 꼬리가 되어서도 안 된다. 끝은 보이
지 말아야 하지만 시작과 끝은 통일성과 일관성, 필연적 연관성
으로 이어져야 한다.

도심을 빠져나간 장의 버스는 소나무며 떡갈나무, 참나무가
한데 어우러진 야트막한 산자락을 휘돌아 화장터로 달렸다.
서둘러 병원을 출발했는데도 어느덧 초봄의 성급한 태양이 하
늘의 한가운데 덩싯 떠올라 있었다. 그나마 명징한 햇살이 초
라한 장례식에 큰 위안이 되어 주었다. 나는 형님이 이렇게 눈
부신 봄날에 저세상으로 갈 수 있어 다행이라 생각했다. 형님
의 생애에서 오늘의 화창한 날씨처럼 밝고 평화로웠던 날이
과연 며칠이나 되었을까. 형님은 한때나마 나의 우상으로 머
물러 있었던 소년 시절과 청년 시절을 제외하면 평생을 불안
하게 기거나 어둠 속에 갇혀 살아온 것 같았다.

이상은 〈느티나무 아래서〉의 시작 부분이다. 이 부분에 이
소설의 전체적인 분위기가 담겨져 있다.

"큰아버지 영정은 어쩌지요? 물속에 던질 건가요?"

원철이가 영정을 머리 위로 흔들어 보이며 물었다.

"집으로 모셔 가자."

나는 아이들을 향해 큰 소리로 대답하며 다시 물속 세상을 들여다보았다. 물고기들은 좀처럼 흩어지지 않았다. 물고기들이 검은 뿔테 안경을 낀 모습으로 눈을 크게 뜨며 일제히 나를 쳐다보고 있는 것 같았다. 바람이 건듯 불자 수면 위로 물비늘이 일었다. 그때 어디선가 형님의 다정한 목소리가 들려왔다. 나는 신념을 위해서 살아왔다. 인생은 실패했지만 변하지 않는 신념은 강하고 아름답다는 것을 알았다. 물비늘이 사라지면서 형님의 목소리는 물속으로 깊숙이 가라앉았다. 마음이 물속에 잠긴 나는 오랫동안 형님의 곁을 떠나지 못했다.

마지막 부분이다. 여기서 나는 이 소설의 주제를 다시 한 번 상기시키면서 형제의 화해를 슬며시 드러내 보였다.

나는 이 소설을 쓰는 동안 내내 통일을 생각했고, 이데올로기 차원이 아닌 실존의 차원에서 분단 문제에 접근하고자 했다.